先秦儒家管理思想

張 廣 福 著

中國古代管理叢書

文史哲出版社印行

國家圖書館出版品預行編目資料

先秦儒家管理思想 / 張廣福著 -- 初版 --
臺北市：文史哲出版社, 民 113.03
頁； 公分（中國古代管理叢書；3）
ISBN 978-986-314-668-1（平裝）

1.CST：儒家 2.CST：先秦哲學
3.CST：管理理論 4. CST：企業管理

494   113002784

中國古代管理叢書 3

先秦儒家管理思想

著　　者：張　　廣　　福
出 版 者：文 史 哲 出 版 社
http://www.lapen.com.tw
e-mail：lapen@ms74.hinet.net
登記證字號：行政院新聞局版臺業字五三三七號
發 行 人：彭　　正　　雄
發 行 所：文 史 哲 出 版 社
印 刷 者：文 史 哲 出 版 社
臺北市羅斯福路一段七十二巷四號
郵政劃撥帳號：一六一八○一七五
電話886-2-23511028 · 傳真886-2-23965656

定價新臺幣二四○元

二○二四年（民一一三）三月初版

ISBN 978-986-314-668-1   12203

序

　　本書旨在探討孔子、孟子與荀子三位大儒的管理思想。

　　坊間有關孔子與孟子思想的書籍如《論語》與《孟子》等書，是我們一般比較熟悉垂手可得，至於荀子較為陌生。而三民書局於 2015 年出版《新譯荀子讀本》，王忠林先生注譯。此書將荀子翻譯白話文非常的詳盡與完整，勾起吾對荀子思想的管理發想幫助甚大。再者筆者之表哥吳清淋教授（任教聖約翰大學，教國文 30 餘載）也提供了寶貴的意見。個人對管理學有興趣，相繼已出本系列叢書之第三本。由於個人才疏學淺，本書若有論述疏漏之處，尚祈博雅君子不吝指正。

張廣福謹誌新北三峽

2023.12.20

2 先秦儒家管理思想

先秦儒家管理思想

目　次

一、前　言

在中國歷史上，儒家有舉足輕重的地位，它支配了中國二千多年，從小大家都讀儒家的書，遵循儒家的做人處事之道。十年寒窗，一旦考中了「舉人」或「進士」，就可當官，光耀門楣。

儒家的開山始祖是孔子，當然，在孔子之前，也有不少大儒，如：晏子、管仲等，但孔子以在學識、行事風格與教育上的貢獻，經明朝明世宗追諡為「至聖先師」，確立了他的歷史地位。

「儒」在周朝是一種職業的名稱，負責祭祀、占卜等工作，胡適先生推測最初的「儒」都是殷人，都是殷的遺民[1]。

在《史記》〈儒林列傳〉中，說：「儒謂博士，為儒雅之林，綜理古文，宣明舊藝，咸勸儒者，以成王化者也[2]。

這個定義，把「儒」推上了一個高度，不是普普通通的讀書人就可稱之為「儒」了。

在本書中所稱之「儒家」，呼應上述之定義，訂為：儒家

1　龐樸主編，《中國儒學》，東方出版社，1997 年出版，頁 2。
2　《史記》〈儒林列傳〉，見楊家駱主編，《中國學術類編》《史記》4 鼎文書局 1980 年 3 月 3 版頁 3115。

謂博古通今，主張採行仁義之道者。

　　「仁義之道」乃王道，以「王道」來化育百姓，就是「以成王化」。這種王道，從堯、舜、禹、湯、文、武、周公、孔子，形成了一個道統。在中國，這個道統，綿延不絕。順之者昌，逆之者亡。從 2018 年「1124」台灣的「九合一」選舉，民進黨慘敗，又得到了一個例證。

　　「王道」除了是治國的方針，也是外交的最高指導原則。數千年來，中國都是以「懷柔、和親」的政策來對待四方的鄰國。

　　「王道」也不是一帆風順，難免遭到挑戰，「霸道」就是一個勁敵。在亂世，「霸道」橫空一出，「王道」只好退避三舍。

　　戰國時代，商鞅和秦孝公談「王道」，秦孝公聽一聽就開始打瞌睡了，商鞅見風轉舵，改和秦孝公談霸道，這下子，秦孝公興趣來了，一談就談了三天三夜。秦孝公龍心大悅，馬上任命商鞅為左庶長，開始進行「商鞅變法」。

　　人世間，總是一治一亂循環著。生逢太平盛世，是個福氣；生逢亂世，也不要怨嘆。孔老夫子生於春秋時代，周王室逐漸式微，諸侯群雄爭霸，孔子是魯國人，在魯國作官，政績斐然，可惜，魯君定公中了齊國的美人計，怠忽朝政，孔子屢諫不聽，乃罷官而去。接著，孔子開始周遊列國，不過，都沒有什麼結果。最後，只好回到魯國，開班授徒並整理古籍。

　　生於戰國時代的孟子也和孔子一樣，周遊列國，大談仁義之道，可惜，找不到知音。生在亂世中的儒家，還是要韜光養

晦，潛龍勿用。要等待適當時機，才能飛龍在天，施展抱負。

　　諸葛亮是個很好的例子，他生於漢朝末年，也是個兵慌馬亂的年代，耕讀於南陽，劉備聽說諸葛亮是個曠世奇才，於是三顧茅廬，終於讓諸葛亮點頭答應出馬，協助劉備中興漢朝。諸葛亮的「隆中對」，擬訂了「三分天下」的策略，即要劉備穩住巴、蜀，再攻下荊州，就可與東吳、曹魏三足鼎立，再聯合東吳北伐曹操，就可恢復漢朝。可惜，後來與東吳交惡，諸葛亮獨力北伐曹魏六次，都未能成功，只有以「出師表」明志，飲恨病亡。

　　諸葛亮是位「儒將」，出將入相，用兵如神，司馬懿怕他怕得要死，「空城計」就如此漂亮的演出了：司馬懿帶著五萬大軍，攻打蜀國。諸葛亮坐在城門上，城門大開，只有二位老先生在城門口掃地，諸葛亮輕輕搧著扇子，微笑看著司馬懿，曾吃過諸葛亮「甕中捉鱉」的虧的司馬懿不知諸葛亮這次又有什麼鬼計，不敢攻城，嚇得只好乖乖撤兵了。

　　儒家講求「仁、義」，在管理「強度」上或許不如法家，但是，帶人帶心，總是比較能贏得人心。

　　做為一個管理者，「儒家型」的較之「法家型」的，當更能得到部屬的擁戴。

　　本書僅探討孔子、孟子和荀子三位儒家大師的管理思想，或許有人說，秦朝以前，還有很多大儒，如：周公、管仲、晏嬰、百里奚、姜子牙等。周公、百里奚二位先生沒有著作傳世，無從知悉他們有關管理方面的思想，因此，姑且不論。有著作傳世者，如晏嬰，他著有《晏子春秋》，而唐人柳宗元認為《晏

子春秋》是由墨家學徒將史料和民間傳說彙編而成的。清人管
同認為「其文淺薄過甚」，乃六朝人偽作。筆者暫不將晏子列
入本書探討範圍。至於姜子牙，他著有《六韜》一書，此書被
後世列為《武經七書》之一，其管理思想請參閱：黃營杉君：
《中國兵家的管理思想》。再說管仲，可能較有爭議：

　　管仲提倡「四維」——禮、義、廉、恥，又主張「尊王攘
夷」，與儒家的精神一致，孔子也很欽佩管仲，他說：「微管
仲，吾其披髮左衽矣！」管仲也有《管子》一書傳世，但以管
仲的行事風格，如要求齊桓公除了「貴」、「富」，還要「親」，
連孔子都不以為然，認為他「泰侈偪上」，似與儒家的「溫、
良、恭、儉、讓」有很大的差異，因此，本書暫不將管仲列為
儒家大師，僅探討孔子、孟子與荀子三位大師的管理思想。

　　接下來，說明什麼是「管理思想」？

二、管理思想的定義

何謂「管理思想」？黃營杉君在〈我國兵家之管理思想〉博士論文中，對管理思想的定義為：「管理思想係指人類為解決管理問題所發展出來之管理哲學、假設、原則與原理。」[1]本書擬採用另一種較為明確的定義：

管理思想乃是與經營理念、管理哲學、經營策略、競爭策略及各項管理功能有關的假設、理論、原則與方法而能影響管理實務者。

由上述定義看來，管理思想包含了經營理念。什麼是經營理念？我們常聽說台灣的企業經營之神王永慶先生的經營理念，如：「點點滴滴、追根究柢。」[2]、「站在顧客的立場」等。在此，對經營理念下一個定義：

經營理念乃是企業主對企業之運作、生存及發展有關的基本理念。

經營者的經營理念會塑造企業的組織文化，也會落實到管理制度，然後，會影響到員工的行為。

---

1 黃營杉撰，〈我國兵家之管理思想〉，政大企管研究所博士論文，郭崑謨博士、高孔廉博士指導，1985 年，頁 1。
2 伍忠賢著，《台塑王朝》，五南出版社，2006 年出版，頁 82。

　　若經營的對象為一個國家時，則特將經營理念改稱為：治國理念。例如：商鞅的一個治國理念是：求新求變，不法古，不修今。他強調：「苟可以強國，不法其故，苟可以利民，不循其禮。」[3]

　　接著，談上述管理思想定義中的第二部份：管理哲學。

　　什麼是管理哲學？曾仕強老師在《中國管理哲學》書中對管理哲學的定義如下：

　　管理哲學為實踐哲學之一，係自全體人生經驗上，全部民族文化上，解釋整個管理歷程的意義與價值，批判整個管理活動的理論與實施；綜合各管理科學及其他相關科學的知識，以研究管理上的根本假定、概念及本質，而推求其最高原理之學。[4]

　　黃營杉君在〈我國兵家之管理思想〉博士論文中，也對管理哲學下了一個定義，如下：

　　管理哲學乃從實務發展而來，對於事實真態所做之認知或觀察，而歸納其處理問題之思考方式與價值體系。[5]

　　朱建民教授在《儒家的管理哲學》書中，給管理哲學的定義如下：

　　管理哲學係吾人將哲學的方法或主張應用於管理問題之上的一門學問。[6]

---

3 商鞅原著，貝遠辰注譯，《新譯商君書》，三民書局，1996 年出版，頁 3。

4 曾仕強著，《中國管理哲學》，三民書局，2004 年出版，頁 28。

5 黃營杉撰，前引論文，頁 1。

6 朱建民著，《儒家的管理哲學》，漢藝色研文化公司，1994 年出版，頁 42。

　　本書擬採用另一種說法：

　　在哲學思想中，會對管理政策、管理制度與管理方式等管理實務造成影響者，謂之管理哲學，諸如：人性論、價值論等。

　　就拿人性論來說，在中國，性善論與性惡論已爭論了二千多年。基本上，法家比較偏向性惡論[7]，儒家比較偏向性善論。

　　如果，管理者採信性惡論，當然，他會縮小組織的控制幅度，讓各級主管可以嚴密地監督他們的部屬。他也會制定比較嚴格的管理制度、規章來防範員工可能產生的循私舞弊的行為。例如：清朝的山西票號[8]。

　　如果，管理者採信性善論，當然，他會放寬組織的控制幅度，也會採用較寬鬆的管理方式，讓員工有較大的自主空間。如松下幸之助的松下企業[9]。

　　接著，再談上述管理思想定義中的第三部份：經營策略。美國學者威廉‧格魯克與羅倫斯‧喬奇（William F. Glueck and Lawrence R. Jauch）對策略的定義為：策略乃用於達成目標之手段[10]。因之，經營策略可定義為：經營策略乃用於達成經營目標之手段。企業常用的經營策略包括：多國化、多角化、垂直整合、水平整合、成本領導、差異化等，甚至目前火紅的藍海策略也是強調差異化的經營策略之一。

7　周世輔著，《中國哲學史》，三民書局，2004 年出版，頁 61。
8　黃鑒暉著，《山西票號史》，山西經濟出版社，2004 年出版，頁 63。
9　王志剛著，《企業經營之神　松下幸之助傳奇》，詠春圖書文化公司，2002 年出版，頁 80，188。
10　黃營杉著，《中國兵家之管理思想》，中國經濟企業研究所，1986 年出版，頁 46。

　　經營者所採行的經營策略，會受到他本身經營理念的影響。例如：前述王永慶先生的一個經營理念是：「點點滴滴、追根究柢」，在這個經營理念下，就會不斷地致力於合理化，尋求降低成本的方法。成本降低了，就可採行「成本領導」的經營策略。

　　一個企業所採用的經營策略，會影響到它的組織結構。若一個企業準備進入其他行業，即採用「多角化」策略時，它的組織結構將從「功能性」的組織轉變為「事業部」的組織，即成立其他的事業部以執行新的任務。而國內企業通常將這些事業部提升為子公司，形成一個企業集團，如：台塑企業集團。

　　若經營的對象為一個國家時，則特將經營策略改稱為：治國策略。例如：商鞅的一個治國策略為：重農抑商。即獎勵人民從事農耕，並以禁止糧食買賣來抑制商業活動[11]。

　　接著，談上述管理思想定義中的第四部份：競爭策略，什麼是競爭策略？若仿照經營策略的定義，我們也可以為競爭策略下一個定義：競爭策略乃用於達成競爭目標之手段。競爭策略與經營策略有什麼差異呢？若經營目標包括了競爭目標，則經營策略就包含了競爭策略。在此，為何要將競爭策略單獨列出來呢？因為：如此，將可凸顯競爭策略的重要性。雖然，在某些產業中，尤其是寡佔市場，廠商間默契十足，嗅不到彼此競爭的煙硝味，各種聯合行為忽隱忽現，把消費者當肥羊來宰，如：中油與台塑石油。不過，這畢竟是少數的狀況。

---

11 商鞅原著，前引書，頁11。

　　競爭策略希望能在諸多競爭對手的中間，找到生存的空間。例如：在紅海中，正面廝殺，可以打你死我活的價格戰；在藍海中，則可找到尚未被滿足的需求，提供與其他廠商截然不同的產品或服務[12]。讓我們可以從容、自在，讓我們可以怡然、自得。

　　最後，再來談此管理思想定義中的第五部份：管理功能。管理功能又稱為管理程序。費堯是第一位提出管理程序的法國管理實務家，他認為管理者主要在執行：規劃、組織、指揮、協調與控制等五項管理程序。另一位美國管理學者孔茲則倡導：規劃、組織、用人、指導與控制等五項管理程序[13]。本書擬由規劃、組織、用人、領導統御、激勵與控制等管理功能來探討先秦儒家的管理思想。

　　本來，探討管理思想，依循管理功能的架構即可。因為：規劃的前提之一，就是經營者的經營理念，而經營策略與競爭策略則為規劃的成果。管理哲學則是各項管理功能的基礎。本文將經營理念、管理哲學、經營策略與競爭策略四者抽離出來，個別討論，以彰顯此四者的重要性。

---

12 金偉燦、莫伯尼合著，黃秀媛譯，《藍海策略》，天下遠見出版公司，2005年出版，頁 15。

13 張志育著，《管理學》，前程企管顧問公司，2003 年出版，頁 13。

三、先秦儒家管理思想

春秋、戰國時代民智大開，百家爭鳴，秉持中道的儒家，漸為一般社會大眾所接受。這個時代的儒家大師有孔子、孟子與荀子等三位，現分別來看他們的管理思想：

（一）孔子的管理思想

1.孔子的生平

孔子是春秋末期的魯國（今山東曲阜）人，名丘，字仲尼。生於公元前五五一年（周靈王二十一年），卒於公元前四七九年（周敬王四十一年）。享年七十三歲。

孔子的祖先是宋國貴族，宋國與魯國毗鄰。孔子五代祖木金父因其父孔父嘉在宮廷內亂中被殺而從宋國逃到魯國。孔子的父親叔梁紇，因戰功而在魯國當過小官。孔子的母親是顏徵在。孔子三歲時，父親叔梁紇去世，母親顏徵在帶著孔子遷居到魯國都城曲阜。

孔子幼年，由於家境貧寒，為了維持生活，曾做過吹鼓手，也做過其他雜役。他十五歲時，開始立志學習。他勤學好

問，刻苦自學，到了三十歲，就已為以後的事業打下了堅實的基礎[1]。

孔子 19 歲時，與丌官氏結婚，第二年，生下兒子孔鯉。孔子 21 歲時，經好友南宮敬叔推薦，擔任魯國大夫孟懿子的封地——成邑的委吏，掌管田賦糧穀。孔子公正嚴明，讓成邑的田賦都能如期收繳。後來，孟懿子又請孔子轉任司職吏，負責管理戶口的業務[2]。

孔子 27 歲時，開始在魯國的朝廷供職，魯昭公二十年，孔子 30 歲時，齊景公率同晏嬰到魯國訪問，孔子曾和景公分析秦穆公成功的原因，景公覺得孔子很有見解。

後來，孔子因「知禮」而名聞國內外。魯昭公二十四年，孔子 34 歲，魯大夫孟僖子在臨終前遺命他的兩個兒子——孟懿子與南宮敬叔去跟孔子學習禮儀，後來他們都尊孔子為老師。

魯昭公二十五年，昭公因為討伐季平子失敗，逃到齊國。孔子眼看政治混亂不堪，也到了齊國。齊景公向他請教為政之道，孔子提出「君君臣臣，父父子子」的主張，景公佩服，想把尼谿的田地封給孔子，因晏嬰反對而作罷，最後就告訴孔子說：「我老了，不能用你了。」於是孔子返回魯國。

當時，魯國的政治依然腐敗，孔子就決心不做官，開始整

---

1 姜國柱著，《中國歷代思想史·先秦卷》，文津出版社，民國八十二年出版，頁 85-86。

2 梁實秋主編，孫實編著，《名人偉人傳記全集 103 孔子》，名人出版社，頁 16-18。

理《詩》、《書》、《禮》、《樂》，用來教導學生，德望也漸漸高起來。魯定公五年，孔子 47 歲，陽虎獨攬魯國的政權，準備叛亂，想拉攏孔子，但孔子不願與他同流合污。魯定公九年，孔子 51 歲，陽虎作亂失敗，逃到齊國，魯國的政局才平定下來。定公任命孔子為中都宰，不到一年，政績卓越，接著升任大司空，掌管全國土地建設的業務。55 歲時，又升任大司寇兼攝相事。短短三個月，就使政治上軌道，人人遵守禮法，路不拾遺。

由於孔子改革的成功，開始受到三桓的猜忌，鄰近的齊國更加擔心，便想盡辦法加以破壞，於是挑選了一批歌姬舞女送給魯君。魯君夜夜笙歌，三日不上朝，孔子屢諫不聽，只好辭官離開魯國。

魯定公十三年，孔子先到衛國。看到衛國人口眾多，十分富庶，印象很好。前後大約停留了五年之久，卻不受衛君重用。後來，孔子來到宋國，宋國司馬桓魋想加害孔子，孔子本想去晉國，路上聽到晉國的兩位賢大夫——竇鳴犢和舜華被殺，就回到陬鄉，作〈陬操〉這首琴歌哀悼這兩個人。

魯哀公三年，孔子 60 歲，季桓子死了，康子繼承卿位，想召回孔子，因公之魚阻止，改召孔子的學生冉求。第二年，孔子到了蔡國，曾經到葉地遊歷，葉公問孔子為政的道理，孔子說：「近悅遠來。」孔子到了蔡國的第三年，吳國進攻陳國，楚國派兵救陳，軍隊駐紮在城父，聽說孔子住在陳、蔡邊境上，就派人聘請孔子。陳、蔡兩國大夫怕楚國真用了孔子，對兩國就危險了，於是雙方派人把孔子圍困在荒野上。幸賴楚昭王派

兵迎護孔子，才免除這場災禍。昭王想把七百里地封給孔子，因令尹子西阻止而作罷。孔子就回到衛國。

當時衛君出公輒的父親蒯聵不能繼位，流亡在外，這件事常遭諸侯指責。衛君想重用孔子，子路就請問孔子說：「衛君想要您協助掌理政事，老師打算先做什麼？」孔子說：「那我必先端正名分吧！」子路希望孔子不要這樣做，才能獲得衛君重用；孔子加以訓斥，並申明端正名分的重要。這種堅守正道的精神，令人讚佩不已。

魯哀公十一年，孔子 68 歲時，季康子備妥了周到的禮節來迎接孔子，孔子就回到魯國。周遊列國達十四年之久。

孔子回到魯國後，德高望重，被尊為國老，魯國君臣經常向他請教為政的道理；他的學生如仲弓、子游、子夏等也都紛紛出來做官，依照孔子的政治理想去實施，這是他感到欣慰的事。他著手刪訂《詩》、《書》、《禮》、《樂》做教材，繼續教導學生，就學的門生約有三千人之多，而精通六藝的有七十二位。

魯哀公十四年，在大野狩獵，獲得一隻麒麟，使孔子有「聖王不會再出現」的感嘆。後來顏淵死了，使他覺得失去傳道的繼承人。第二年聽到子路又死在衛國，他的病更加重了。子貢來看他，他嘆道：「泰山就要崩壞了，樑柱就要摧折了，哲人也將凋謝了！」過了七天，一代哲人，終於在魯哀公十六年與世長辭，享年七十三歲[3]。

---

3 高雄市政府　中華文化復興運動推行委員會　高雄市分會　新譯論語讀本編印委員會編印《新譯論語讀本》〈孔子傳略〉，70 年 3 月出版，頁 1-10。

2.孔子的著作

孔子自稱「述而不作」，但《詩》、《書》、《禮》、《樂》、《易》、《春秋》等六經，都和他脫不了關係。相傳孔子刪《詩》、《書》，訂《禮》、《樂》，《易經》的〈易傳〉是孔子寫的[4]，而孔子成《春秋》而亂臣賊子懼[5]。

孔子的言行被他的弟子記錄在《論語》中，透過它，我們可以了解他的思想與主張。另外，孔子的孫子——子思，也在《中庸》一書中，記載孔子的言行。本書即以《論語》和《中庸》來探討孔子的管理思想。

另外，《孔子家語》也有記述孔子的言行，不過，有學者考證，該書係後人偽作[6]，故暫不列入本書探討範圍。

3.孔子的管理思想

孔子當過管理田賦的小官，也當過掌管魯國治安的大官，管理實務的經驗相當豐富，接下來，介紹孔子的管理思想，看孔子是否也可算是位管理大師。

（1）孔子的治國理念

A、施行中庸之道

　　子曰：「舜其大知也與！……執其兩端，用其中於民；」[7]中庸之道，不僅可用於個人的立身處世，也

---

4 郭建勳注譯，《新譯易經讀本》，三民書局，2004 年出版，導讀，頁 10。
5 謝冰瑩等編譯，前引書，頁 436。
6 羊春秋注譯，《新譯孔子家語》，三民書局，1998 年出版，導讀，頁 1-5。
7 謝冰瑩等編譯，前引書，頁 30。

可用於治國。舜乃古代之聖王，為人至孝，又十分友愛其弟。以中庸之道治國，天下太平。

B、施行仁義之道

子曰：「凡為天下國家有九經，曰：修身也，尊賢也，親親也，敬大臣也，體群臣也，子庶民也，來百工也，柔遠人也，懷諸侯也。」[8]

其中，尊賢、敬大臣、體群臣、子庶民、來百工、柔遠人、懷諸侯等，都是行仁義之道的具體表現。

C、無為而治

孔子說：

a、君子不動而敬，不言而信。

b、君子不賞而民勸，不怒而民威於鈇鉞。

c、君子篤恭而天下平。

d、上天之載，無聲無臭。[9]

君子雖不動、不言、不賞、不怒，但仍可達成他的效果。君子只要「篤恭」，天下就會平靜，並不需要什麼特別的作為。而上天化育萬物，也是默默的在進行，無為而無不為。

D、施行德治

子曰：「道之以政，齊之以刑，民免而無恥；道之以德，齊之以禮，有恥且格。」[10]

---

8 謝冰瑩等編譯，前引書，頁44。
9 謝冰瑩等編譯，前引書，頁61。
10 同上註，頁76。

看來，孔子比較推崇德治，而貶抑法治。

E、施行正道

子曰：「獲罪於天，無所禱也。」[11]做人、為政當循正道，不是壞事做盡，然後，祈求上天保佑，老天爺就會原諒你。

F、崇尚禮治

a、子貢欲去告朔之餼羊。子曰：「賜也！爾愛其羊，我愛其禮。」[12]

b、子曰：「事君盡禮，人以為諂也。」[13]

c、定公問：「君使臣，臣事君，如之何？」孔子對曰：「君使臣以禮，臣事君以忠。」[14]

有人說，讀書人要「知書達禮」，「禮」是維繫人際關係最好的妙方。在上位者，更當注意「禮數」，以為楷模。

G、以惠養民，以義使民

子謂子產，「有君子之道四焉：其行己也恭，其事上也敬，其養民也惠，其使民也義。」[15]

子產是春秋時代，鄭國的大夫，其養民也惠，其使民也義，深得孔子讚佩。

H、老者安之，少者懷之

子路曰：「願聞子之志！」子曰：「老者安之，朋友

11 謝冰瑩等編譯，前引書，頁91。
12 同上註，頁93。
13 同上註。
14 同上註，頁94。
15 謝冰瑩等編譯，前引書，頁114。

信之，少者懷之。」[16]

孔子雖然是在野之身，但還是希望老年人與兒童都能得到很好的照顧。

I、居敬而行簡

仲弓曰：「居敬而行簡，以臨其民，不亦可乎？」

子曰：「雍之言然。」[17]

對人對事都要秉持恭敬的態度，做事要力求簡約，不煩擾人民，讓人民休養生息。

J、勤儉治國

子曰：「禹，吾無間然矣！菲飲食，而致孝乎鬼神；惡衣服，而致美乎黻冕；卑宮室，而盡力乎溝洫。禹，吾無間然矣！」[18]

大禹以「人溺己溺」的信念，採用疏導水流的策略，致力於治水，三過家門而不入。充份發揮了勤儉治水、勤儉治國的精神，終於平定了水患。

K、教化人民

子欲居九夷。或曰：「陋，如之何？」子曰：「君子居之，何陋之有？」[19]

九夷指高麗（今韓國）乃蠻荒之地，孔子有自信可以教化當地的住民。

---

16 謝冰瑩等編譯，前引書，頁 119。
17 同上註，頁 121。
18 謝冰瑩等編譯，前引書，頁 157。
19 同上註，頁 164。

L、無信不立

> 子貢問政。子曰：「足食，足兵，民信之矣。」子
> 貢曰：「必不得已而去，於斯三者何先？」曰：「去
> 兵。」子貢曰：「必不得已而去，於斯二者何先？」
> 曰：「去食。自古皆有死，民無信不立。」[20]

治國不可失信於民，失信於民，則政府的威信就建立不起
來了。

M、藏富於民

> 哀公問於有若曰：「年饑，用不足，如之何？」有
> 若對曰：「盍徹乎？」曰：「二，吾猶不足，如之何
> 其徹也？」對曰：「百姓足，君孰與不足？百姓不
> 足，君孰與足？」[21]

收取十分之二的田賦都不夠用了，如果降稅，只收取十分
之一的田賦，那不是更不夠用了嗎？可是，有若怎麼建議降稅
呢？降稅，表示君王共體時艱，讓百姓有較多的糧食以渡過荒
年。百姓免於飢荒，君王才能安享富貴，若百姓日子過不下去，
君王能有好日子過嗎？

N、先富後教

> 子適衛，冉有僕。子曰：「庶矣哉！」冉有曰：「既
> 庶矣，又何加焉？」曰：「富之。」曰：「既富矣，
> 又何加焉？」曰：「教之。」[22]

---

20 謝冰瑩等編譯，前引書，頁 198。
21 同上註，頁 199。
22 謝冰瑩等編譯，前引書，頁 211。

富民是政府的第一要務，讓人民富裕起來之後，再施以教化，使人民「富而好禮」。

O、注重軍事教育訓練

子曰：「以不教民戰，是謂棄之。」[23]

戰爭是慘烈的，將沒有受過訓練的老百姓送到戰場，就是去送死。

P、任用賢才

子言衛靈公之無道也。康子曰：「夫如是，奚而不喪？」孔子曰：「仲叔圉治賓客，祝鮀治宗廟，王孫賈治軍旅。夫如是，奚其喪？」[24]

衛靈公雖不是一位好國王，但他任用了三位很好的大臣，可以幫他穩住大局，所以，他這個王位還是可以保住。

Q、均無貧，和無寡，安無傾。

孔子說：「丘也，聞有國有家者，不患寡而患不均，不患貧而患不安。蓋均無貧，和無寡，安無傾。」[25]

貧富差距太大，會形成社會對立，造成社會的不安定，甚至引起暴動與革命，為政者不能輕忽。

R、重人賤畜

孔子重視人命，有深厚的人本主義思想。有一天，孔子上朝，孔子家的馬房失火了，孔子退朝回家，知道這狀況，就問管家有沒有人受傷，而沒有問馬

---

23 謝冰瑩等編譯，前引書，頁 220。
24 同上註，頁 229 頁。
25 謝冰瑩等編譯，前引書，頁 256。

的情況。[26]

有些富貴人家重視財物，喜愛金銀珠寶，卻視下人如糞土，這種心態是錯誤的。

從上述十八項治國理念看來，孔子懷有崇高的政治理想，但是，他實際從政的時間並不長，可說是懷才不遇，錯失了許多大好機會。未能實現他的理想，殊為可惜。

綜觀這十八項治國理念，孔子主張堅守正道，施行中庸之道，重視仁、義，主張德治，崇尚禮治。主張親民愛民，關懷老弱婦孺。主張藏富於民、施行教化、任用賢才、強化軍事教育訓練。若當時的魯君能重用孔子，魯國一定可以強大起來，成為穩定周王朝的支柱。

（2）孔子的管理哲學

孔子的管理哲學可從人性論與價值論兩方面來討論：

A、孔子的人性論

小時候，讀《三字經》：「人之初，性本善，性相近，習相遠。」[27]這句話的後半段：「性相近，習相遠」是孔子說的[28]，但前半段：「人之初，性本善」並不是孔子說的。所以，要討論孔子是否主張性善論，要另外找尋證據。

不過，從下列孔子的論點中，倒可以將孔子列為「性惡論」者：

---

26 謝冰瑩等編譯，前引書，頁 177。
27 鄧妙香編著，《三字經》，世一文化公司，2012 年出版，頁 16。
28 謝冰瑩編譯，前引書，頁 266。

（a）子曰：「吾未見好德如好色者也。」[29]

（b）子曰：「善人，吾不得而見之矣！得見有恆者，斯可矣。」[30]

（c）子曰：「鄙夫！可與事君也與哉？其未得之也，患得之；既得之，患失之。苟患失之，無所不至矣！」[31]

（d）子曰：「君子博學於文，約之以禮，亦可以弗畔矣夫！」[32]

（e）子曰：「已矣乎！吾未見能見其過，而內自訟者也。」[33]

　　孔子非常重視後天環境的影響，所以，他說：「性相近也，習相遠也。」[34]他更重視「教化」的力量，因之：子欲居九夷。或曰：「陋，如之何？」子曰：「君子居之，何陋之有？」[35]君子可以教化人民，移風易俗。

　　綜上所述，孔子即使不是性惡論者，但也不是性善論者，頂多也只算是性無善惡論者。

　　B、孔子的價值論

　　十八世紀，法國大革命時，流行的一首歌，她的歌詞：

29　謝冰瑩等編譯，前引書，頁165。
30　同上註，頁143。
31　謝冰瑩等編譯，前引書，頁272。
32　同上註，頁132。
33　同上註，頁120。
34　謝冰瑩等編譯，前引書，頁266。
35　同上註，頁164。

　　生命誠可貴，愛情價更高；

　　若為自由故，兩者皆可拋。

「自由」較之「生命」與「愛情」有更高的價值。當然，也有不同的說法，如：「好死不如賴活」，能活下來，一切才有意義。一般人求名求利，孔老夫子求什麼呢？他周遊列國是為了求官嗎？當然不是，他希望能夠施展抱負，讓他的治國理念——治國之道可以實現。

孔子貴德而賤貨，他說：

　　「去讒遠色，賤貨而貴德，所以勸賢也。」[36]

孔子很重視禮儀，子貢想省去行「告朔」禮的祭品——一頭羊。

　　孔子說：「賜也！爾愛其羊，我愛其禮。」[37]

孔子重「義」輕「利」，他說：「君子喻於義，小人喻於利。」[38]

孔子很重視程序正義，他說：

　　「富與貴，是人之所欲也，不以其道得之，不處也。」[39]

孔子絕不戀棧權位，他擔任魯國大司寇時，魯定公迷戀女色，三日不上朝，孔子屢諫不聽，乃罷官而去。

孔子貴「德」、賤「貨」、重「義」、輕「利」的價值觀，

36　謝冰瑩等編譯，前引書，頁 44。
37　謝冰瑩等編譯，前引書，頁 93。
38　同上註，頁 102。
39　同上註，頁 99。

樹立了他的高風亮節，成為後世中國人的典範。

（3）孔子的治國策略

孔子除了有崇高的治國理念之外，也有強而有效的治國策略，說明如下：

A、君子務本，本立而道生

> 有子曰：「其為人也孝弟，而好犯上者鮮矣。不好犯上，而好作亂者，未之有也。君子務本，本立而道生。孝弟也者，其為仁之本與？」[40]

孝弟為仁之本，做到孝與弟，也就為「行仁」打好了根基。

對國家來說，古代中國以農立國，農業是國家的根本，須重視農業的生產。如今，已進入後工業社會，須找出適合我們發展的產業，讓國家注入新的活水，引導社會永續發展。

B、使民以時

> 子曰：「道千乘之國，敬事而信，節用而愛人，使民以時。」[41]

在農業社會，不要妨害農時，若錯過了播種的時間，這一期的稻（麥）作，就會出問題，影響到收成。這也是一種「仁政」的表現，要顧慮老百姓的生計，不能為所欲為。

C、舉直錯諸枉

> 哀公問曰：「何為則民服？」孔子對曰：「舉直錯諸

---

40 謝冰瑩等編譯，前引書，頁 68。本句雖為孔子的弟子有子所說，但與孔子的思想相符，故仍列入孔子思想體系。

41 謝冰瑩等編譯，前引書，頁 69。

枉，則民服；舉枉錯諸直，則民不服。」[42]

　　將正直的人安置在邪枉的人上面，則老百姓會順服。若將邪枉的人安置在正直的人上面，則老百姓不會順服。如今，除了正直之外，還有資歷、能力、功績等考量，用不對人，老百姓會抗議到底。年薪二百五十萬的實習生下台是遲早的事。[43]

　　D、臨事而懼，好謀而成

　　子路曰：「子行三軍，則誰與？」子曰：「暴虎馮河，死而無悔者，吾不與也。必也臨事而懼，好謀而成者也！」[44]

　　孫子說：「兵者，國之大事也。死生之地，存亡之道，不可不察也。」[45]

　　打仗，一定要戒慎恐懼、謀定而動，不可有勇無謀。其實，許多國家的重大施政，由於預算龐大、影響深遠，也要戒慎恐懼、謀定而動。錯誤的政策比貪污更可怕，不是嗎？

　　E、放鄭聲，遠佞人

　　顏淵問為邦。子曰：「行夏之時，乘殷之輅，服周之冕，樂則〈韶舞〉。放鄭聲，遠佞人。鄭聲淫，佞人殆。」[46]

<hr>

42　謝冰瑩等編譯，前引書，頁 83。
43　2016 年蔡英文總統上任後，民進黨政府要「整碗捧去」，用盡一切手段，將台北農產運銷公司總經理韓國瑜趕下台，換上政二代吳音寧，媒體封她為「二百五十萬的實習生」，能力不足，怨聲載道。迨 2018 年「1124」九合一大選，民進黨慘敗，才以「頭號戰犯」將之撤換。
44　謝冰瑩等編譯，前引書，頁 137。
45　孫武原著，吳仁傑注譯，《新譯孫子讀本》，三民書局，2012 年出版，頁 3。
46　謝冰瑩等編譯，前引書，頁 245。

　　春秋時代，民風淳樸，只要採用夏朝的曆法，坐殷朝發明的車，穿戴周朝的服裝、帽子，吹奏虞舜的〈韶舞〉音樂。禁絕鄭國的音樂，遠離小人。

　　如此，就可將國家治理好。說來好像很輕鬆，但其中隱含一個大道理，就是要選擇一個良好的制度。

　　自從蘇聯共產制度瓦解後，民主制度已成為人類唯一追求的目標。少數集權、專制的國家遲早都會變天。

F、修仁德以守國

　　子曰：「知及之，仁不能守之，雖得之，必失之。」[47]

　　在上位者，除了才智過人，也要有高尚的品德。否則，無法服眾。

G、取信於民

　　子夏曰：「君子信而後勞其民；未信，則以為厲己也。」[48]

　　信任可以化解所有的疑慮，「不合理的要求」，到底是「磨練」，還是「折磨」呢？就要看雙方互信的程度了。

H、悲天憫人，哀矜勿喜

　　孟氏使陽膚為士師，問於曾子。曾子曰：「上失其道，民散久矣！如得其情，則哀矜而勿喜。」[49]

　　老百姓犯罪，不一定全是他的錯，尤其是「上失其道」，執法者要有悲憫之心，當獲得犯罪實情時，要同情他們而不要

---

47 謝冰瑩等編譯，前引書，頁 252。
48 同上註，頁 289。
49 謝冰瑩等編譯，前引書，頁 292。

以能查出真相而高興。

I、惠而不費，因民之所利而利之

　　子曰：「因民之所利而利之，斯不亦惠而不費
　　乎？」[50]

韓國瑜競選高雄市長提出的口號：「人進得來，貨出得去，高雄發大財。」不就是「因民之所利而利之」嗎？

J、修己以安百姓

　　子路問君子。子曰：「修己以敬。」曰：「如斯而已乎？」
　　曰：「修己以安人。」曰：「如斯而已乎？」曰：「修
　　己以安百姓。修己以安百姓，堯舜其猶病諸！」[51]

在上位者若注重本身的修養，行仁政，老百姓就會安心。

從上述十項治國策略中，可以看出孔子治國確有一套。首先，他強調「務本」，本立而道生。他非常重視農業，強調「使民以時」。如此，則可國泰民安。對企業來說，專注本業之餘，無論基於分散風險或企業主胸懷大志，想跨足其他產業，但不要因而疏忽了本業，以免兩頭落空。

其次，孔子強調「因民之所利而利之」，老百姓有錢了，大家都可安居樂業，過太平日子。

孔子希望「行夏之時，乘殷之輅，服周之冕，樂則〈韶舞〉。」他都是選擇一種最佳的模式。與其「弒君」，當然主張「尊君」。在孔子的時代，民主的思想尚未萌芽，我們也不要苛責他維護專制帝王的用心。

---

50 謝冰瑩等編譯，前引書，頁 298。
51 謝冰瑩等編譯，前引書，頁 239。

　　孔子主張「臨事而懼，好謀而成。」不論是治國施政或用兵打仗，都要戒慎恐懼、謀定而動。

　　孔子主張重用正直的人，不要重用邪枉的人。若將正直的人安置在邪枉的人下面，老百姓是無法順服的。

　　孔子主張悲天憫人、哀矜勿喜。可說是孔子「仁道」思想的具體表現。

　　綜合上述的各項主張與論述，可以看出孔子是位「仁民愛物」的政治家，在他的治理下，老百姓可以過著幸福快樂的生活。在他擔任大司寇的期間，魯國治安良好，夜不閉戶，路不拾遺，可為明證。

（4）孔子的競爭策略

　　孔子為人「溫、良、恭、儉、讓」[52]，他不會去和別人爭什麼。要有的話，就是和別人比賽射箭，看誰比較厲害：孔子說：「君子無所爭，必也射乎！揖讓而升，下而飲，其爭也君子。」[53]他周遊列國，也不是要「求官」，而是看有沒有機會實現他的理想。在他的治國理念的引導下，他的治國策略就會形成一種強大的競爭優勢，可以吸引周遭（甚至遠方）的人民，用腳投票，紛紛聚集到他的治下。

　　有一天，孔子的弟子樊遲要向孔子學耕稼的方法，孔子說：「吾不如老農。」接著，樊遲說想學種花草樹木，孔子說：「吾不如老圃。」樊遲出去後，孔子說：「小人哉，樊須也！上好禮，則民莫敢不敬；上好義，則民莫敢不服；上好信，則

---

52 謝冰瑩等編譯，前引書，頁71。
53 同上註，頁88。

民莫敢不用情。夫如是，則四方之民，襁負其子而至矣，焉用稼？」[54]

當然，這是一種理想，究竟有沒有實例印證，不得而知。

孔子還說：「送往迎來，嘉善而矜不能，所以柔遠人也。」[55]而「柔遠人，則四方歸之」[56]

孔子又說：「丘也，聞有國有家者，不患寡而患不均，不患貧而患不安。蓋均無貧，和無寡，安無傾。夫如是，故遠人不服，則修文德以來之。既來之，則安之。」[57]

葉公問政

孔子也是說：「近者說，遠者來。」[58]

好禮、好義、好信，加上「送往迎來，嘉善而矜不能」，再加上「修文德」，就可以「近悅遠來」，「四方歸之」。這是多麼棒的競爭競略啊！

可惜，孔子倒成了齊國的競爭策略的犧牲者：自從孔子當了魯國的大司寇後，魯國大治，路不拾遺，夜不閉戶。齊國擔心魯國強大以後，成為齊國的大患，就想出一個計謀，就是送給魯定公十六個能歌善舞的歌姬，定公沈迷於女色，三日不上朝，孔子屢諫不聽，只好罷官，離開魯國。

韓非稱這種競爭策略為「敵國廢置」[59]，就是想辦法讓敵

---

54 謝冰瑩等編譯，前引書，頁 208 頁。
55 同上註，頁 44。
56 同上註。
57 同上註，頁 256。
58 同上註，頁 214。
59 韓非原著，賴炎元、傅武光注譯，《新譯韓非子》，三民書局，2003 年，頁 357。

國廢棄賢能的人而任用次等的人，以削弱該國的競爭力。歷史上，這種事屢見不鮮，詳見《韓非子‧內儲說下》。[60]

（5）孔子的規劃思想

孔子非常重視規劃，他說：「凡事豫則立，不豫則廢；言前定，則不跲；事前定，則不困；行前定，則不疚；道前定，則不窮。」[61]他還建議要做長遠的規劃，他說：「人無遠慮，必有近憂。」[62]他希望穩紮穩打，不希望冒險躁進，他說：「君子居易以俟命，小人行險以徼幸。」[63]他鼓勵我們要腳踏實地，不要妄想一步登天。他說：「君子之道，辟如行遠必自邇，辟如登高必自卑。」[64]孔子強調心誠則靈，他說：「至誠之道，可以前知：國家將興，必有禎祥；國家將亡，必有妖孽；見乎蓍龜，動乎四體。禍福將至，善，必先知之；不善，必先知之；故至誠如神。」[65]如何進行規劃呢？孔子主張依道而行，即老子所說的：「道法自然」[66]，孔子說：「誰能出不由戶？何莫由斯道也！」您在屋內想走出去，就從大門走出去吧！那是最自然，最方便的了！孔子主張「蕭規曹隨」，孔子說：「夫孝者善繼人之志，善述人之事者也。」[67]他又說：「三年無改於

60　韓非原著，賴炎元、傅武光注譯，《新譯韓非子》，三民書局，2003 年，頁 357。
61　謝冰瑩等編譯，前引書，頁 45。
62　同上註，頁 245。
63　同上註，頁 36。
64　同上註，頁 37。
65　謝冰瑩等編譯，前引書，頁 50。此段見《中庸》第二十四章，係孔子的孫子──子思論至誠之明，援曾子前例，將之納入孔子思想。
66　《老子‧第二十五章　有物混成》，見余培林注譯，《新譯老子讀本》，三民書局，2004 年出版，頁 54。
67　謝冰瑩等編譯，前引書，頁 41。

父之道，可謂孝矣。」[68]曾子也說：「吾聞諸夫子：『孟莊子之孝也，其他可能也，其不改父之臣與父之政，是難能也。』[69]孔子主張博採眾議，他說：「君子不以言舉人，不以人廢言。」[70]不要看輕地位不高的人，若他講得有道理，還是要採納他的意見。在規劃與執行的過程中，要保持冷靜、恆久忍耐。他說：「小不忍，則亂大謀。」[71]

當然，做規劃要找志同道合的人，因此，孔子說：「道不同，不相為謀。」[72]

總結孔子的規劃思想，最值得我們稱道的是：孔子「不以人廢言」的主張。在專制的封建時代，孔子希望主政者傾聽人民的聲音、博採眾議。真是前衛。

（6）孔子的組織思想

春秋時代，各諸侯國的政府組織已略具雛型。當時的衛國已有外交、內政、軍事等分工，外交方面，有負責接待外賓的。內政方面，有負責祭祀的。軍事方面，有負責統率軍隊的。

有一天，孔子和季康子談論到衛靈公的昏亂無道時，康子說：「夫如是，奚而不喪？」孔子說：「仲叔圉治賓客，祝鮀治宗廟，王孫賈治軍旅。夫如是，奚其喪？」[73]

有這些賢臣的支撐，國家政務得以正常運作，所以，衛靈

68　謝冰瑩等編譯，前引書，頁 105。
69　同上註，頁 292。
70　同上註，頁 249。
71　謝冰瑩等編譯，前引書，頁 250。
72　同上註，頁 255。
73　謝冰瑩等編譯，前引書，頁 229。

公才可以穩坐王位。

孔子也談到鄭國的四位大夫分工合作來擬定外交文書：

> 子曰：「為命，裨諶草創之，世叔討論之，行人子
> 羽修飾之，東里子產潤色之。」[74]

在製作外交文書時，裨諶先擬草稿，世叔提供修改的意見，行人子羽、東里子產再修飾、潤色。

製作外交文書如此，對其他事務不知是否也是分工合作？應該是吧！

孔子認為：「不在其位，不謀其政」。美國的總統卸任後，就不會對政府指指點點，充分尊重現任總統的職權。反觀台灣，幾位卸任總統都不堪寂寞，尤以李登輝、陳水扁為甚，該閉嘴了！

（7）孔子的用人思想

用人之前，要先知人，要有知人之明。人心隔肚皮，要想了解別人，實在是不容易。所以，孔子說：「不患人之不己知，患不知人也。」[75]沒有知人之明，用錯了人，會對國家或組織造成很大的危害。孔明「揮淚斬馬謖」就是孔明誤認馬謖可以擔當重任，而他卻自以為是，未遵照孔明的指示在河邊佈陣，卻率領大軍在山上紮營，導致被魏軍殲滅，孔明只好撤軍回蜀，對民心、士氣可是一次嚴重的打擊，為北伐大業蒙上了陰影。

如何可以「知人」呢？孔子認為要「聽其言而觀其行」[76]。

---

74 謝冰瑩等編譯，前引書，頁 223。
75 謝冰瑩等編譯，前引書，頁 75 頁。
76 謝冰瑩等編譯，前引書，頁 112。

甚至要「視其所以，觀其所由，察其所安。」[77]也就是說，我們要先看他所做的事，再觀察他做這件事的動機，然後再看他是否心安理得。如此，就可以了解一個人了。

除了知道一個人的品行以外，還要知道他的性向與能力，有人適合當主管，有人適合當幕僚。孔子說：「孟公綽，為趙魏老則優，不可以為滕薛大夫。」[78]趙、魏是比較大的諸侯，孟公綽個性廉靜寡欲，然而不適於處理繁雜之事，因此，擔任趙氏、魏氏的家臣，他的才能是有餘的，但不適合去當滕、薛這種小國的大夫。

孔子用人，重德不重才，他說：「驥不稱其力，稱其德也。」[79]孔子那個年代，時局日趨混亂，時尚以力取勝，而不重品德。孔子希望能藉此矯正歪風。

孔子主張重用正直的人，他說：「舉直錯諸枉，能使枉者直。」[80]將正直的人置於上位，可以導正不正直的人，如此，人民才會信服。孔子說：「舉直錯諸枉，則民服；舉枉錯諸直，則民不服。」[81]

孔子強調要任用賢才。衛靈公荒淫無道，康子問孔子，為何他還能穩坐龍椅？孔子說：「仲叔圉治賓客，祝鮀治宗廟，王孫賈治軍旅。夫如是，奚其喪？」[82]有三位賢臣輔佐，衛靈

---

77 謝冰瑩等編譯，前引書，頁 79。

78 同上註，第 225 頁。

79 謝冰瑩等編譯，前引書，頁 234。

80 同上註，頁 205。

81 同上註，頁 83 頁。

82 謝冰瑩等編譯，前引書，頁 229。

公就安了。就好像齊桓公用了管仲，就可以輕鬆自在了。因此，任用賢才是很重要的。

想要羅致賢才，或許要靠點運氣，當然，一定要有誠意，有時，也要用一些「話術」。

歷史上，最有誠意的，當推劉備，「三顧茅廬」成為千古美談。而孔子竟被陽貨的「話術」勾引，允諾出來做官：陽貨想見孔子，孔子懶得理他，陽貨就送了一隻烤乳豬給孔子。別人送了禮，總是要回訪，以免失禮，孔子就趁著陽貨不在家的時候去拜訪他。不巧，竟在路上碰到了。陽貨就跟孔子說：「來，我有話要跟你說。」陽貨說：「懷其寶而迷其邦，可謂仁乎？」孔子說：「不可。」陽貨說：「好從事而亟失時，可謂智乎？」孔子說：「不可。」陽貨說：「日月逝矣，歲不我與！」孔子說：「諾，吾將仕矣！」[83]

原本，孔子對陽貨的印象不好，沒想到，三句話就讓孔子點頭允諾出來做官。陽貨也算是「致人有術」了。

孔子主張：不要苛求別人十全十美。「人非聖賢，孰能無過」，「知錯能改，善莫大焉」。周公告訴他的兒子魯公說：「君子不施其親，不使大臣怨乎不以，故舊無大故，則不棄也，無求備於一人。」[84]這種說法與《易經》的〈明夷卦〉相互輝映，對人性的掌握非常精準。

孔子主張對人才的培養、訓練要踏實，不能揠苗助長。子路派子羔擔任費邑的主管。子羔還很小，學業未成，派他做官，

83　謝冰瑩等編譯，前引書，頁265。
84　謝冰瑩等編譯，前引書，頁284。

不是提拔他，反而是害了他。孔子說：「賊夫人之子！」子路說：「有民人焉，有社稷焉，何必讀書，然後為學？」孔子聽了很生氣，說：「是故惡夫佞者。」[85]把子路狠狠地修理一下。

孔子說：「君子不器。」[86]君子才德兼俱，故不限於一種用途，可以擔任各種工作（職位）。主要是他有理念，只要理念通了，不論是哪種工作，都可以游刃有餘。是什麼理念呢？是孔子所說的「道」？還是管理學中的「管理之道」呢？還是老子所說的「道」？目前，我還沒有答案。

相對於「君子不器」，一般的「小人」就要「器」，就要有「專長」囉！「第二專長」的提出，也是針對變動日益增加的環境，為了生存，不得不的作法，類似於企業的「多角化」策略。

孔子對自己倒是信心滿滿。孔子說：「苟有用我者，期月而已可也，三年有成。」[87]可惜，孔子幾次出來做官，任期都很短，還沒有超過三年的，孔子也可算是「懷才不遇，有志未伸」了。

（8）孔子的領導統御思想

孔子認為君王施行仁政，就像北極星，他穩坐其位，眾星就會圍繞著他旋轉，有極強的向心力。

孔子說：「為政以德，譬如北辰，居其所，而眾星

---

85 謝冰瑩等編譯，前引書，頁191。
86 謝冰瑩等編譯，前引書，頁80。
87 同上註，頁211。

　　共之。」[88]

　　這種說法繼承了堯、舜、禹、湯、文王、武王、周公一貫的道統思想，主張以王道來治理國家。所有的官員與百姓在君王高尚的德行感召下，對君王十分地愛戴與順服。這是領導統御的最高境界。

　　孔子很重視「正道」，季康子問政於孔子。孔子對曰：「政者正也，子帥以正，孰敢不正？」[89]

　　孔子又說：「其身正，不令而行；其身不正，雖令不從。」[90]孔子竟是「公民不服從運動」的始作俑者。

　　孔子接著又說：「苟正其身矣，於從政乎何有？不能正其身，如正人何？」[91]正己方能正人，不能正己，如何正人？

　　孔子也主張領導者要身先士卒。有一天，子路問政。孔子說：「先之，勞之。」子路請老師再多說一些。孔子說：「無倦。」[92]子路問孔子如何施政？孔子給了他四個字，子路請孔子再多說一些，孔子又給了他二個字。真是惜字如金啊！

　　身為「領導者」，尤其是基層「領導者」，「身先士卒」是非常重要的。

　　因為孔子主張「為政以德」，因此，他也強調：「在上位

---

88 謝冰瑩等編譯，前引書，頁 75。
89 同上註，頁 202。
90 謝冰瑩等編譯，前引書，頁 209。
91 同上註，頁 212。
92 同上註，頁 206。

不陵下」[93]，「居上不驕」[94]，「居上『要』寬」[95]，「躬自厚，而薄責於人」[96]，甚至引用《詩經・豳風・伐柯》，主張：「君子以人治人，改而止」[97]。

綜上所述，孔子主張行仁政，守正道，寬厚待人，不驕傲，不欺負部屬，部屬犯錯，只要能改正，就好了，不要再追究下去，做個仁慈的領導者。

（9）孔子的激勵思想

孔子生於春秋時代，周朝王室已逐漸式微。他引用《詩經・商頌》的詩句：「奏假無言，時靡有爭。」[98]它的意思是說：「神降臨的時候，雖然不出聲音，但是大家仍然心生畏懼，不敢彼此爭執。」孔子希望君王要建立起像神一樣的威勢，讓人民「不賞而勸，不怒而威於鈇鉞。」[99]也就是說：「不用獎賞，人民自己就會勤奮努力；不必發怒，人民就會比受到刑罰還要畏懼。」

在商朝，民風還非常淳樸，可以「不賞而民勸，不怒而民威於鈇鉞。」到了春秋時代，民風丕變，孔子甚至還主張「輕罪重刑」呢！[100]

---

93 謝冰瑩等編譯，前引書，頁 36。
94 同上註，頁 54。
95 同上註，頁 97。
96 同上註，頁 246。
97 同上註，頁 35。
98 謝冰瑩等編譯，前引書，頁 61。
99 同上註。
100 韓非原著，賴炎元、傅武光注譯，《新譯韓非子》，三民書局，2003 年出版，頁 327。

　　我們再來探討一下：為何可以「不賞而民勸」呢？在商朝，是個農業社會，若「耕者有其田」，且土地不要太少，只要努力耕作，收成可以讓全家生活無虞。那麼，「收成」就是「賞」了！不需要君王另外的獎賞。這就是「無為而治」的基本道理。只是這個前提太脆弱，只要人口持續成長，耕地不足的問題就會持續惡化。若惡化到「四海困窮」，那麼君王就會「天祿永終」了[101]。

　　有一次，季康子問孔子：「如何可以勸勉百姓呢？」孔子回答說：「舉善而教不能，則勸。」[102]這個答案較之上一個，有了更積極的意義：君王要有所作為，如：推舉善人（做官）與教導百姓，如此，百姓就會努力向善了。

　　孔子是位敢「撒錢」的領導者，他的一位學生原思當他的家臣，孔子給他「粟九百」，原思不敢接受。孔子說：「沒關係，多的可以送給你的鄰居。」孔子真慷慨啊！[103]相信如此，可以激勵原思努力工作，不會打混摸魚了。

（10）孔子的控制思想

　　「控制」這項管理功能給人的印象不太好，很容易讓人把它和「思想控制」、「行動控制」等聯想在一起。「控制」功能主要用在組織績效上，當然，也可用在個人績效上。「圖一」說明了基本的控制程序，從績效標準的建立，到蒐集資訊，了解實際的成果，然後，比較目標與實績兩者的差異，看是超前

101　謝冰瑩等編譯，前引書，頁 296。
102　同上註，頁 83。
103　謝冰瑩等編譯，前引書，頁 122。

還是落後？超前的話，可給予獎勵；若是落後，看是否要採取矯正行動，還是修訂績效的標準。

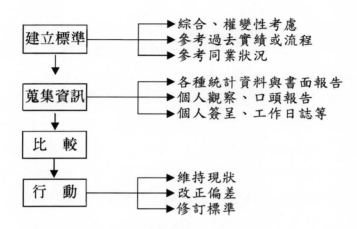

圖一：基本控制程序

（見張志育著，前引書，頁 465）

孔子的控制思想大部份是與個人行為有關的，另外，也有部份與政府施政有關，分述如下：

A、與個人行為有關者：

在古代，射箭是件很普遍的運動（也是戰技），直到現在，韓國人還是很喜歡它，幾年前，去韓國九州，還看到許多韓國人在古城中射箭，古代的城門和城牆，還讓我以為回到了古代的中國。

孔子認為：射箭要像君子一樣，若沒有射中紅心，就要回頭檢討自己，看哪裡有問題，再做修正。

孔子說：「射有似乎君子，失諸正鵠，反求諸其

身。」[104]事情沒做好，不要怨天尤人，先檢討自己，找出失敗的原因，加以修正，才能成功。這種說法，符合「控制」的程序。

孔子非常重視內省的功夫，孔子說：「已矣乎！吾未見能見其過，而內自訟者也。」[105]大部份的人都是嚴以律人，寬以待己。要做到自我管理，實在不容易。有一次，司馬牛問孔子，如何才可算是「君子」？孔子回答說：「君子不憂不懼。」司馬牛說：『不憂不懼，就可以為「君子」了嗎？』孔子說：「內省不疚，夫何憂何懼？」[106]要做到「內省不疚」，可不簡單啊！

孔子最喜歡的學生是顏回，兩人經常聊天，一聊就好幾個鐘頭，孔子說什麼，顏回都不會反駁，好像呆子一樣。不過，顏回離開以後，對老師所說的，還是能多所發揮。所以，孔子說：「回也，不愚！」[107]由此可見，孔子對學生的行為舉止，觀察入微，即使離開視線，孔子也會「退而省其私」[108]。這種作法，在《論語·子路第十三》也有類似的記載，就是有一天，冉有從季府下班回來，孔子問他在忙什麼，為何那麼晚才回來。冉有說在做魯國府交辦的事情，孔子說是做季府的事吧！若是魯國府交辦的事，我是不會不知道的[109]。孔子真厲害。

孔子很注重「啟發式教育」，但他會掌握時機，所謂「不

104　謝冰瑩等編譯，前引書，頁 36。
105　謝冰瑩等編譯，前引書，頁 120。
106　同上註，頁 196。
107　同上註，頁 79。
108　同上註。
109　謝冰瑩等編譯，前引書，頁 212。

憤不啟。不悱不發。」[110]此與禪宗的「啐啄同時」[111]有相似之處。孔子還特別要求學生要觸類旁通，如果不能達到他的標準，就會被當掉了！孔子說：「舉一隅不以三隅反，則不復也。」[112]孔子也可算是一位「嚴師」了！

「三人行，必有我師焉。」是大家很耳熟的一句孔子說的話，這句話的下一句：「擇其善者而從之；其不善者而改之。」[113]則深具控制的涵意。每個人都有優、缺點，別人的優點要學習、要效法；別人的缺點，則要當做借鏡，要避免犯同樣的錯誤。

人有七情六慾，人是感情的動物。情感如何表達？當然以自然為佳。感情的自然流露可以展現人性的光輝。孔子則希望情感的表現，能夠符合節度。孔子說：「喜怒哀樂之未發，謂之中；發而皆中節，謂之和。」[114]也就是說，高興也好，生氣也好，都是正常的，但要表現得適度，不要一發不可收拾，讓別人感到莫名其妙。也就是我們要控制好我們的 EQ，免得讓別人覺得我們很難相處。

孔子主張做任何事情都要堅持到底。孔子說：「博學之，審問之，慎思之，明辨之，篤行之。有弗學，學之弗能弗措也；有弗問，問之弗知弗措也；有弗思，思之弗得弗措也；有弗辨，

---

110 謝冰瑩等編譯，前引書，頁 136。
111 吳平注譯，《新譯碧巖集（上）》，三民書局，2019 年 7 月初版二刷，頁 198。
112 同上註，頁 112。
113 謝冰瑩等編譯，前引書，頁 142。
114 同上註，頁 26。

辨之弗明弗措也；有弗行，行之弗篤弗措也。」[115]不管是學習、或是有疑問想請教別人，或自己思考，或與他人辯論，或是要做某件事情；不做則已，做就要做到成功為止，絕不放棄。

　　孔子有位學生冉求對孔子說：「不是不喜歡老師所主張的大道理，是我自己能力不足。」孔子回答說：「能力不足，半途而廢，是你自己畫地自限。」[116]孔子批評別人，可是一針見血，切中要害。

　　B、與政府施政有關者：

　　子張問

> 孔子曰：「何如斯可以從政矣？」子曰：「尊五美，屏四惡，斯可以從政矣。」……
>
> 子張曰：「何謂四惡？」子曰：「不教而殺謂之虐；不戒視成謂之暴；慢令致期謂之賊；猶之與人也，出納之吝，謂之有司。」[117]

　　a、不教而殺

　　「不教而殺」表示考核的標準不明確，使人無所適從，造成動輒得咎。所謂「不知者不罪」，當權者應善盡「善良管理人」的責任。

　　b、不戒視成

　　「不戒視成」是不先告知民眾，到時便要看他們的成果。未事先告知目標，如何來考核呢？又如何處罰呢？

115　謝冰瑩等編譯，前引書，頁45。
116　同上註，頁126。
117　謝冰瑩等編譯，前引書，頁298。

　　c、慢令致期

　　「慢令致期」是發布教令遲緩，到期又不寬假。要求民眾執行工作，總是要給予適當的作業時間，若倉促作成決策，沒有給人民充份的時間，到時候，就責令人民完成，不給寬限時間，這是不對的。孔子稱之為「賊」。

　　上述三種狀況，從現代管理的角度來看，都是不可思議的。可見，在孔子那個專制的年代，有部份官員是如何的蠻橫，如何的欺壓百姓了。而孔子敢批評那些官員為：「虐」、「暴」、「賊」，也太有正義感了。[118]

---

118 孔子是位非常有正義感的人，陳恒弒齊簡公，孔子知道後，馬上沐浴更衣，去見魯哀公，請哀公出兵討伐陳恒，魯哀公要孔子去報告三桓，三桓均不同意，遂打消此議。見《新譯四書讀本》，頁230。

小　結

如前所述，孔子是位非常重視「內省」的人，他的學生曾子得到真傳：

> 曾子說：「吾日三省吾身：為人謀，而不忠乎？與朋友交，而不信乎？傳，不習乎？」[1]

孔子「內省」力道的來源，除了自我要求外，也借助於《易經》。

> 孔子說：「加我數年，五十以學《易》，可以無大過矣。」[2]

在《易經》的加持下，孔子遂可「七十而從心所欲，不踰矩。」[3]與前述的「喜怒哀樂之未發，謂之中；發而皆中節，謂之和。」[4]相互印證，因而造就了孔子成為「孔聖人」的堅實基礎。

孔子雖沒唸過管理學，卻能掌握「控制」功能的精髓，對個人行為與政府施政都能著墨甚深。尤其是在個人行為方面，完全符合管理學中「控制」功能的程序。

這種做人處世的哲學，建立了中華文化的底層結構，二千多年來，孔子主張的「王道思想」依然是中國的主流思想。「霸

1　謝冰瑩等編譯，前引書，頁69。
2　同上註，頁140。
3　同上註，頁76。
4　謝冰瑩等編譯，前引書，頁26。

道思想」雖然偶爾也會盛極一時，但終歸曇花一現而已。

（二）孟子的管理思想

1.孟子的生平

孟子名軻，字子輿，戰國時鄒人，生於公元前三七二年，父名激，字公宜，母仉氏，即後世所稱之「孟母」。

孟子的遠祖為姬姓，是魯國的開國主。到春秋時，魯桓公以其子仲孫、叔孫、季孫為魯之世卿，史稱「三桓」，仲孫氏後為孟孫氏，最後簡稱為孟氏，孟子即其後也。

孟子三歲喪父，孟母仉氏有賢德，非常重視環境教育，初居墓地附近，孟子遊戲時則模仿平日所見之葬禮等動作，孟母覺得這裡不適合小孩居住，於是就搬家到市場的附近，而孟子又於遊戲時模仿買賣交易的動作，孟母又覺得這個環境也不適合孟子，於是又搬家了，這次搬到學校的旁邊，孟子遊戲時，就模仿祭祀與對師長、同學的禮節。孟母覺得這種環境可以讓孟子耳濡目染，成為一個品行良好的人，於是就定居下來。這就是後世所謂的「孟母三遷」。

有一天，孟子放學回家，孟母正在織布，就問孟子在學校的狀況，孟子告訴母親說沒有什麼進展，學到這裡就好了。孟母就拿刀把織到一半的布砍斷，孟子嚇了一跳，孟母說，你如果廢棄學業，就像被砍斷的布一樣，沒有什麼價值。孟子自此勤學不懈，終承聖人之道。

　　孟子拜孔子的孫子子思的門人為師，私淑孔子，盡得師傳，窮極儒家六藝之學，成為蓋世之名師。

　　春秋戰國時代，遊說之風盛行，孔子周遊列國，蘇秦、張儀合縱連橫，商鞅遊說秦孝公，吳起遊走楚、魏。孟子學成之後，也開始周遊列國，他先到梁國，梁惠王接見他，問他說：「叟！不遠千里而來，何以利吾國？」孟子回答說：「王何必曰利，亦有仁義而已矣！」梁惠王關心「利」，孟子卻要跟他說「仁義」，話不投機，孟子得不到梁惠王的重視，只好離開梁國。後來，孟子到了滕國，滕文公問孟子：「滕，小國也，間於齊楚。事齊乎？事楚乎？」孟子老實的回答：「是謀非吾所能及也。」從儒家的角度來看，君王要莊敬自強、修己安民，不會為了保住自己的名位去事奉他國。所以，他告訴滕文公：「鑿斯池也，築斯城也，與民守之，效死而民弗去，則是可為也。」這些話，滕文公可能聽得進去嗎？

　　最後，孟子來到齊國，齊宣王頗欣賞孟子，拜孟子為客卿，在齊國三卿之列。然齊宣王用孫臏、田忌擊敗梁惠王。用匡章乘燕亂，佔領燕國。而孟子以王道仁政說之。宣王頗能推重而不用其言。及至燕昭王復國，盡奪回齊所侵地。宣王始有慚於孟子。頗重視孟子，亦未能用孟子，故孟子辭齊卿之位，回到鄒地。

　　回到故居後，孟子遂與萬章之徒講學，其後，萬章等編成《孟子七篇》，即今《孟子》是也。

　　孟子卒於公元前二八九年，享年八十三歲。葬於原籍，鄒縣有專祠奉祀，宋神宗年間封為鄒國公，旋詔同顏回配享孔廟，

至明嘉靖九年，詔尊亞聖，蓋言其僅次於至聖也。[5]

2.孟子的著作

孟子的學生萬章等將孟子的言行編成《孟子七篇》即今《孟子》是也。《漢書‧藝文志》列有十一篇，尚有〈性善〉、〈辨文〉、〈講孝經〉、〈為正〉四篇，蓋亡佚已久。南宋朱熹將《論語》、《孟子》、《大學》、《中庸》合稱《四書》，本書即以三民書局出版之《新譯四書讀本》為依據，來探討孟子的管理思想。

3.孟子的管理思想

孟子是儒家大師，他的言論與主張側重在政治與哲學方面，本書僅將其與管理有關的部分擷取出來，作一整理，看孟子的管理功力如何？是否也可稱之為「管理大師」？

（1）孟子的治國理念

孟子的治國理念十分恢宏而遠大，分述如下：

A、民本思想

民為邦本，本固邦寧。孟子非常重視基層的百姓。孟子說：「民為貴，社稷次之，君為輕。」[6]在帝王專制時代，竟然敢說「民為貴，君為輕」，也不怕被追殺。

對於行政首長，孟子講求要老天爺與老百姓能夠接受他。

---

5 取材自：〈孟子傳〉，見《細說四書（下）》，徐芹庭著，聖環圖書股份有限公司出版，2011年2月，一版一刷，頁94-96。
6 謝冰瑩等編譯，前引書，頁614。

如何顯示老天爺與老百姓能夠接受他呢？孟子說：「使之主祭，
而百神享之，是天受之；使之主事而事治，百姓安之，是民受
之也。」[7]

　　從這個標準來看，政府在應對新冠疫情，所造成的「口罩
之亂」、「紓困之亂」、「三倍券之亂」，顯示蘇貞昌行政院
長是不合格的。

　　孟子主張上位者要傾聽百姓的心聲，看事情也要從百姓的
角度去看。所謂「天視自我民視，天聽自我民聽」[8]。此句話源
自《尚書》，顯示當權者總是會被左右的小人蒙蔽，而不了解
實際的情況，很容易造成危機。

　　至於王位要「傳子」還是「傳賢」？孟子則主張以民意為
依歸。有一天，孟子的弟子萬章問孟子：「有人說：『至於禹
而德衰，不傳於賢，而傳於子。』有這回事嗎？」孟子回答：
「否，不然也。天與賢，則與賢；天與子，則與子。」[9]假如，
兒子非常賢能，傳王位於兒子又何妨？只是，中國由「禪讓政
治」轉為「世襲」，碰到昏庸的皇帝，成為人民最大的悲哀。

　　B、行仁政

　　孟子念茲在茲、不絕於口的就是「仁義」二字，「行仁政」，
當然就是他堅持的國家第一要務。孟子說：「庖有肥肉，廄有
肥馬；民有飢色，野有餓莩；此率獸而食人也！獸相食，且人
惡之；為民父母行政，不免於率獸而食人，惡在其為民父母也？」

---

7 謝冰瑩等編譯，前引書，頁 507。
8 同上註，頁 508。
9 謝冰瑩等編譯，前引書，頁 509。

[10]孟子對作威作福，不照顧百姓的官員深惡痛絕，「率獸而食人」是多麼嚴厲的指控！

有一天，梁惠王對孟子說：「晉國，原來是天下最強的，可是，到了寡人即位後，東敗於齊，長子死焉；西喪地於秦七百里；南辱於楚。寡人恥之，願代死者洗刷恥辱，如之何則可？」

孟子回答：「地方百里，而可以稱王於天下。王如施仁政於民，省刑罰，薄稅斂；深耕易耨；壯者以暇日修其孝悌忠信，入以事其父兄，出以事其長上；可使制梃以撻秦楚之堅甲利兵矣。」[11]

孟子認為「行仁政」是富國強兵的唯一途徑，可惜梁惠王並不認同。

有一天，孟子見梁惠王的兒子梁襄王，襄王問孟子：「天下惡乎定？」孟子回答：「定於一。」，『孰能一之？』孟子說：「不嗜殺人者能一之。」[12]

孟子覺得當時各國的君王都十分殘暴，而施行仁政的國君一定可以贏得天下之民的愛戴。

不過，齊襄王和他老爸一樣，對孟子的話，還是聽不進去。

有一天，孟子去齊國的雪宮見齊宣王，和宣王談當年齊景公與晏子的一段往事：晏子請景公要「春省耕而補不足，秋省斂而助不給。」[13]晏子是三朝元老，景公對他可是言聽計從。

10　謝冰瑩等編譯，前引書，頁 309。
11　同上註，頁 310。
12　謝冰瑩等編譯，前引書，頁 312。
13　謝冰瑩等編譯，前引書，頁 331。

宣王聽了孟子講了這段故事，不過，還是無感。

　　孟子說：「人皆有不忍人之心。先王有不忍人之心，斯有不忍人之政矣。以不忍人之心，行不忍人之政，治天下可運之掌上。」[14]仁心仁政，可以治天下。

　　孟子認為「仁君不罔民」，他說：「民之為道也，有恆產者有恆心，無恆產者無恆心；苟無恆心，放僻邪侈，無不為已。及陷乎罪，然後從而刑之，是罔民也。焉有仁人在位，罔民而可為也？」[15]

　　因之，仁君必設法讓人民有恆產，如「井田制」或「耕者有其田」等。幫助人民買房，也是個很好的方法，若房價飆得太高，對社會安定所造成的負面效應是為政者要特別注意的。

　　孟子承繼孔子「行仁政」的治國理念，更把它發揚光大：孟子說：「求也，為季氏宰，無能改於其德，而賦粟倍他日。孔子曰：『求，非我徒也！小子鳴鼓而攻之可也！』」「由此觀之，君不行仁政而富之，皆棄於孔子者也；況於為之強戰？爭地以戰，殺人盈野；爭城以戰，殺人盈城；此所謂率土地而食人肉，罪不容於死。」[16]

　　在別人看來，是為國征戰的大英雄，但在孟子眼中，卻是個「率土地而食人肉」的大罪犯，且「罪不容於死」，孟子，真是振聾啟聵啊！

　　有一天，魯國要任命慎滑釐為將軍去攻打齊國，孟子期勉

14謝冰瑩等編譯，前引書，頁368。
15 同上註，頁401。
16 謝冰瑩等編譯，前引書，頁457。

慎子不要好戰殃民，要導正君王的想法。孟子說：「君子之事君也，務引其君以當道，志於仁而已。」[17]

然而，冉求無法改變季氏，慎滑釐也無法改變魯君，大概只有伊尹可以改變太甲了[18]。

孟子認為，行仁政要有「人溺己溺、人飢己飢」的自覺與擔當。孟子說：「禹思天下有溺者，由己溺之也；稷思天下有飢者，由己飢之也；是以如是其急也。」[19]

　　孟子說：「伊尹思天下之民，匹夫匹婦，有不被堯、舜之澤者，若己推而內之溝中。」[20]

禹、稷與伊尹都是非常積極「行仁政」的好長官，因此，得到人民的愛戴。

C、富民

孟子主張要讓人民有錢。孟子說：「明君制民之產，必使仰足以事父母，俯足以畜妻子；樂歲終身飽，凶年免於死亡；然後驅而之善，故民之從之也輕。」[21]人民有錢，才能讓家人生活無虞。

　　孟子說：「易其田疇，薄其稅斂，民可使富也。」[22]
　　但每家要有多少田地呢？孟子說：「百畝之田，匹夫

---

17 謝冰瑩等編譯，前引書，頁 572。
18 同上註，頁 510。
19 謝冰瑩等編譯，前引書，頁 489。
20 同上註，頁 512。
21 謝冰瑩等編譯，前引書，頁 317。
22 同上註，頁 593。

耕之，八口之家，足以無飢矣。」[23]每家百畝，符合周朝初年「井田制」的標準，但到了孟子那個戰國時代，中國有那麼多的土地嗎？這可能是梁惠王無法接受孟子的一個重要的因素。

D、與民共享，與民同樂

a、孟子見梁惠王，王立於沼上，顧鴻雁麋鹿，曰：「賢者亦樂此乎？」

孟子對曰：「賢者而後樂此，不賢者雖有此不樂也。《詩》云：『經始靈臺，經之、營之。庶民攻之，不日成之。經始勿亟，庶民子來。王在靈囿，麀鹿攸伏。麀鹿濯濯，白鳥鶴鶴。王在靈沼，於牣魚躍。』文王以民力為臺、為沼，而民歡樂之，謂其臺曰靈臺，謂其沼曰靈沼，樂其有麋鹿魚鱉；古之人與民偕樂，故能樂也。〈湯誓〉曰：『時日害喪，予及女偕亡！』民欲與之偕亡，雖有臺池鳥獸，豈能獨樂哉？」[24]

周文王願與民同樂，故能樂也；夏桀暴虐，民寧與之俱亡，雖有臺池鳥獸，豈能獨樂哉？

b、齊宣王見孟子於雪宮。

王曰：「賢者亦有此樂乎？」孟子對曰：「有。人不得，則非其上矣。不得而非其上者，非也；為民上而不與民同樂者，亦非也。樂民之樂者，民亦樂其樂；憂民之憂者，民亦憂其憂。樂以天下，憂以天

---

23 謝冰瑩等編譯，前引書，頁 592。
24 謝冰瑩等編譯，前引書，頁 305。

下，然而不王者，未之有也。」[25]

「樂民之樂者，民亦樂其樂」，是件多麼快樂的事，如此，不就天下太平了。

E、以孝治天下

大舜事親至孝，是古代二十四孝的榜首。孟子說：「天下大悅而將歸己，視天下悅而歸己，猶草芥也，惟舜為然。不得乎親，不可以為人；不順乎親，不可以為子。舜盡事親之道，而瞽瞍底豫；瞽瞍底豫而天下化，瞽瞍底豫而天下之為父子者定。此之謂大孝。」[26]大舜以孝治天下而天下化，成為千古美談。

F、道法自然

a、大禹治水，三過其門而不入，顯示他犧牲小我，公而忘私的精神。大禹治水，更值得稱道的是：他採用與他父親截然不同的策略。大禹的父親──鯀採用圍堵的方法，但是失敗了。大禹改用疏濬的方法，就是抓住水往下流的特性，將洪水引導入海，成功的平息了水患。孟子說：「禹之行水也，行其所無事也。」[27]

老子說：「人法地，地法天，天法道，道法自然。」[28]水往下流，就是一種自然的現象，抓住它的這種特性，就可找出正確的方法，就可有效的解決問題。

25　謝冰瑩等編譯，前引書，頁 330。
26　謝冰瑩等編譯，前引書，頁 468。
27　謝冰瑩等編譯，前引書，頁 485。
28　余培林注譯，《新譯老子讀本》，三民書局，2004 年出版，頁 54。

b、有一天，白圭對孟子說：

> 「我治水的方法，比大禹更好。」孟子回答：「你
> 錯了！大禹治水，是按照水的自然特性，所以，大
> 禹是以四海為水流的坑谷。而你是以鄰國為水流的
> 坑谷。水逆行，稱之為洚水——洚水就是洪水——這是
> 仁人所厭惡的。你錯了！」[29]

白圭以鄰國為壑，還自以為比大禹高明，孟子義正辭嚴的
告訴他：「你錯了！」

G、行善政

有一天，滕文公問孟子：

> 「齊人將築薛，吾甚恐，如之何則可？」孟子回答
> 說：「昔者大王居邠，狄人侵之，去之岐山之下居
> 焉。非擇而取之，不得已也。苟為善，後世子孫必
> 有王者矣。君子創業垂統，為可繼也；若夫成功，
> 則天也。君如彼何哉？彊為善而已矣。」[30]

齊國將要在薛築城，滕文公怕齊國以它作為進攻滕國的前
進指揮部，問孟子該怎麼辦？孟子就拿周朝的大王為例，來開
導滕文公：大王原居邠，狄人來侵，去之岐山之下。不正面與
狄人衝突，施行善政，靜待後世子孫必有賢能的帝王出現。君
子創業垂統，為可繼也；若夫成功，則天也。你要怎麼做呢？
就是要努力施行善政。我想：滕文公聽完孟子的建議，可能會
想：「來得及嗎？」

29　謝冰瑩等編譯，前引書，頁575。
30　謝冰瑩等編譯，前引書，頁346。

　　在此，孟子提出了一個概念：「君子創業垂統，為可繼也。」創業維艱，但還是要戒慎恐懼，一步一腳印，不能走偏，讓後人可安心的繼承下去。頂新企業以「餿水油」起家，做得再大，除非痛改前非，恐怕後人永遠也無法翻身。

　　H、行先王之道

　　孟子以繼承中國道統自任，他強調要「行先王之道」。

　　　　孟子說：「今有仁心仁聞，而民不被其澤，不可法於後世者，不行先王之道也。故曰：徒善不足以為政，徒法不能以自行。《詩》云：『不愆不忘，率由舊章。』遵先王之法而過者，未之有也。」[31]

　　　　《詩經・大雅・假樂》談到：「不愆不忘，率由舊章」[32]，就是一切都遵循先王的法制規章，那就對了。

　　I、行正道

　　孟子主張「行正道」

　　　　孟子說：「非禮之禮，非義之義，大人弗為。」[33]不合乎「禮」、「義」的，孟子是不會做的。

　　J、行中庸之道

　　孟子講求「中庸之道」

　　　　孟子說：「仲尼不為已甚者。」[34]孔子行「中庸之道」，孟子當然也主張「中庸之道」。

---

31 謝冰瑩等編譯，前引書，頁443。
32 滕志賢注譯，《新譯詩經讀本（下）》，三民書局，2017年出版，頁826。
33 謝冰瑩等編譯，前引書，頁473。
34 謝冰瑩等編譯，前引書，頁474。

小　結

孟子的治國理念幾乎都適用於企業，詳見表四之 3。或許，有人會質疑第 H 項：行先王之道，企業如何行先王之道呢？古代聖王如：夏禹、商湯、周文王、武王等愛民如子，對百姓照顧有加。企業可掌握這種精神建立一套制度來提供福利給員工。例如：清朝山西的票號：

在清朝，中國還沒有銀行的設立，一般商業的匯兌，就由票號來提供服務。大部份的山西票號幾乎都有「頂身股」的制度，以激勵員工。「頂身股」類似「技術入股」，就是員工在工作多年後，老板和總經理認為其能幹肯幹，對票號經營有功，就開始給「頂身股」，從一厘到十厘（一俸、一股）。「頂身股」可參與分配盈餘。「頂身股」除了員工本身可以享用外，如身故，亦可澤及配偶，按「頂身股」的多寡訂立可支領的年限[1]。

這種制度，是不是很有「古風」？

表四之 3：孟子的治國理念是否適用於企業檢討表

項　次	治國理念	是否適用於企業	
		是	否
A	民本思想	✓	
B	行仁政	✓	
C	富民	✓	

---

1 黃鑒暉著，《山西票號史》，山西經濟出版社，2004 年出版，頁 74。

D	與民共享	✓	
E	以孝治天下	✓	
F	道法自然	✓	
G	行善政	✓	
H	行先王之道	✓	
I	行正道	✓	
J	行中庸之道	✓	

（2）孟子的管理哲學

如前所述，管理哲學包含人性論與價值論兩部份，先談孟子的人性論：

A、孟子的人性論

有關人性論的論戰，最早的起源就是孟子與告子兩位主角。告子認為人性無善惡之分，而孟子則認為人性本善。

告子說：「性，猶湍水也；決諸東方則東流，決諸西方則西流。人性之無分於善不善也，猶水之無分於東西也。」

孟子看出了告子的破綻

　　孟子說：「人性之善，猶水之就下也；人無有不善，
　　水無有不下。」[2]

水往東流還是往西流，要看地勢，東方地勢較低，就往東流；若西方地勢較低，就往西流。

大陸的河川大部份往東流，因為大陸西方多為高原，東方則是平原、大海，地勢西高東低的緣故。台灣西部的河川大部份往西流，因為中央山脈地勢較高，河川往西，流經西部平原，再注入台灣海峽。

2　謝冰瑩等編譯，前引書，頁537。

　　人性是善是惡還是無善無不善，金庸的《倚天屠龍記》有一段張無忌與元朝汝陽王郡主趙敏的對話，可以做個對照。張無忌心存仁厚，認為人要放下恩怨、仇恨，和平相處。但面對實施高壓統治的元朝當局，還是要抗爭到底。趙敏雖然愛上了張無忌，但礙於郡主的身份，對張無忌說：「你是鬥不過我的，因為我比你狠。」[3]

　　人若「狠」起來，什麼事都做得出來，比魔鬼還可怕。

　　孟子對人性的觀察十分敏銳，孟子說：「富歲子弟多賴，凶歲子弟多暴。非天之降才爾殊也，其所以陷溺其心者然也。」[4]

　　田裡收成好，年輕人就會變得懶一點，若收成不好，年輕人就會變得凶暴一些。印證到東南亞地區，物產豐富，其人民比較懶散；而生活在臨近北極地區的人民則比較凶狠，如俄羅斯人。

　　B、孟子的價值論

　　孟子的成名之戰，就是有一次狠狠的修理梁惠王一頓，讓他知道，要重義輕利。

　　就是有一天，孟子去見梁惠王。

　　　王曰：「叟！不遠千里而來，亦將有以利吾國乎？」

　　　孟子對曰：「王何必曰利？亦有仁義而已矣。」[5]

　　「義利之辨」有如空谷足音，點醒了終日汲汲於追求名利

3　《倚天屠龍記》，24 集或 36 集。這兩集有趙敏的橋段。
4　謝冰瑩等編譯，前引書，頁 544。
5　謝冰瑩等編譯，前引書，頁 303。

的眾生。

孟子除了主張要「重義輕利」之外，還更進一步主張要「重義輕生（命）」，也就是要「捨生取義」。

孟子說：「魚，我所欲也；熊掌，亦我所欲也；二者不可得兼，捨魚而取熊掌者也。生，亦我所欲也；義，亦我所欲也；二者不可得兼，捨生而取義者也。」[6]

「捨生取義」是多麼豪氣，是多麼悲壯，呼應了孔子「自反而縮，雖千萬人吾往矣！」[7]孔夫子「溫良恭儉讓」[8]，但也有剛強的一面。

孟子主張「重禮輕食」、「重禮輕色」。《孟子》記載：任人有問屋盧子曰：「禮與食孰重？」曰：「禮重。」「色與禮孰重？」曰：「禮重。」[9]

「非禮勿食」，與「不食嗟來食」有異曲同工之妙；窈窕淑女，君子好逑，但也要合乎禮數。

孟子也主張「重氣節輕名位」。

孟子說：「柳下惠不以三公易其介。」[10]證諸今日政壇，許多綠營權貴，不惜以今日之我，打臉昔日之我，就為了向民進黨輸誠，就為了保住自己的烏紗帽，蔡英文、陳時中他日在陰府面對柳下惠時，不知是否會汗顏？

6　謝冰瑩等編譯，前引書，頁 549。
7　同上註，頁 355。
8　同上註，頁 71。
9　同上註，頁 558。
10　謝冰瑩等編譯，前引書，頁 596。

孟子也主張「重親情輕名位」。孟子的弟子桃應問孟子：「舜為天子，皋陶為士；瞽瞍殺人，則如之何？」孟子曰：「執之而已矣！」「然則舜不禁與？」曰：「夫舜惡得而禁之？夫有所受之也。」「然則舜如之何？」曰：「舜視棄天下猶棄敝蹝也。竊負而逃，遵海濱而處，終身訢然，樂而忘天下。」[11]舜是位孝子，終身慕父母，能全心全力侍奉瞽瞍，就是最大的滿足。

（3）孟子的治國策略

為了讓國家富強康樂，孟子提出了八項治國策略，分述如下：

A、任賢使能

官大學問大嗎？君王不能以為自己的權勢最大，就自以為是，要求百官聽從己意。孟子認為：一定要任賢使能，聽從專家的意見。

孟子有一次面見齊宣王，說道：「為巨室，則必使工師求大木。工師得大木，則王喜，以為能勝其任也。匠人斲而小之，則王怒，以為不勝其任矣。夫人幼而學之，壯而欲行之；王曰：『姑舍女所學而從我。』則何如？今有璞玉於此，雖萬鎰，必使玉人雕琢之。至於國家，則曰：『姑舍女所學而從我。』則何異於教玉人雕琢玉哉？」[12]

術業有專攻，治理國家、經營企業，都要靠專業人士，就好像蓋房子、雕琢玉石，都要專業的技師。

記得在唸研究所時，所長劉水深老師就倡議：要推行「管

---

11 謝冰瑩等編譯，前引書，頁 600。
12 謝冰瑩等編譯，前引書，頁 340。

理師」制度，並訂六月七日為管理師節（六月六日為工程師節）。可惜，革命尚未成功，同志仍須努力。

B、同生死，共存亡

有一天，滕文公問孟子：「滕，小國也，間於齊楚。事齊乎？事楚乎？」孟子對曰：「是謀非吾所能及也。無已，則有一焉：鑿斯池也，築斯城也，與民守之，效死而民弗去，則是可為也。」[13]

兩大之間，難為小。選邊站，或保持等距都是可行策略。孟子自知難做評估，遂坦白告訴滕文公。只有堅固防務，若能「與民守之，效死而民弗去，則是可為也。」

C、以德服人

不論對待百姓或其他國家，孟子主張以德服人，而不是以力服人。

孟子說：「以力假仁者霸，霸必有大國。以德行仁者王，王不待大：湯以七十里，文王以百里。以力服人者，非心服也，力不贍也。以德服人者，中心悅而誠服也，如七十子之服孔子也。《詩》云：『自西自東，自南自北，無思不服。』此之謂也。」[14]

孟子主張以德服人，如此，才能讓人心悅誠服。

D、明其政刑

孟子主張修明政教與刑罰，如此，才可讓政務的運作、人民的行為都有所依循，政治才能清明，人民才能安居樂業。別

---

13 謝冰瑩等編譯，前引書，頁345。
14 謝冰瑩等編譯，前引書，頁364。

國才不敢起欺侮之心。

孟子說：「仁則榮，不仁則辱。今惡辱而居不仁，是猶惡濕而居下也。「如惡之，莫如貴德而尊士。賢者在位，能者在職，國家閒暇，及是時明其政刑，雖大國必畏之矣。《詩》云：『迨天之未陰雨，徹彼桑土，綢繆牖戶；今此下民，或敢侮予？』孔子曰：『為此詩者，其知道乎？能治其國家，誰敢侮之？』」[15]

此《詩》為《詩經・豳風・鴟鴞》，相傳為周公平管叔、蔡叔與武庚之亂，為明志乃作此詩以遺成王。周公輔弼成王，公忠體國，精心規劃國家的典章制度，為周朝八百年天下，打下堅實的基礎，功不可沒。

E、仁君不罔民

孟子認為：有仁德的國君，不會陷人民於不義。

孟子說：「民之為道也，有恆產者有恆心，無恆產者無恆心；苟無恆心，放僻邪侈，無不為已。及陷乎罪，然後從而刑之，是罔民也。焉有仁人在位，罔民而可為也？」[16]

讓人民有錢，是為政者首要的任務。管仲說：「衣食足，則知榮辱」[17]，若百姓困窮，挺而走險，然後被捕判刑入獄。孟子認為是「罔民」也。「罔」同「網」，好像用網子抓蝴蝶一樣，用網子抓百姓，不是很可惡嗎？「仁君」是不會「罔民」的。

15　謝冰瑩等編譯，前引書，頁 365。
16　謝冰瑩等編譯，前引書，頁 401。
17　湯孝純注譯，《新譯管子讀本》，三民書局，84 年 7 月初版，頁 4。

F、善養老

老人問題，自古有之，於今為甚。西伯（周文王）善養老，老者紛紛歸附。孟子說：「天下有善養老，則仁人以為己歸矣。」[18]

目前，老人福利，美國做得最好，養老金加食物券，美國的老人可月領美金八百元左右，相當於台幣 25000 元，真是羨慕啊！（食物券一個人吃一個月，吃不完。）

G、行大義勝於施小惠

鄭卿子產常以自己的座車載百姓渡河，孟子不以為然，他認為倒不如建一座橋，以方便人民渡河。孟子說：「子產，惠而不知為政。」[19]

施小惠，不如行大義，為政者要掌握重點。

H、善教勝於善政

善政已屬不易，孟子精益求精，希望能做到善教。孟子說：「仁言，不如仁聲之入人深也；善政，不如善教之得民也。善政，民畏之；善教，民愛之。善政，得民財；善教，得民心。」[20]

儒家很重視教化的工作，教化成功了，比什麼都好。

---

18 謝冰瑩等編譯，前引書，頁 592。
19 同上註，頁 469。
20 謝冰瑩等編譯，前引書，頁 587。

　　孟子的治國策略，如：「任賢使能」、「明其政刑」、「善
養老」等都是非常好的治國策略，可惜，孟子也沒有什麼實踐
他的治國策略的機會，只有在齊國當「卿」，不過，時間不長，
也沒有掌握實權，他的理想，也只有束之高閣了。

　　孟子的治國策略均適用於企業，詳見表四之 4。或許，也
有人會覺得：經營企業，也要「同生死，共存亡」嗎？有那麼
嚴重嗎？若企業主能讓員工產生榮辱與共，以廠為家的意識，
為公司賣命，那就可以發揮最大的戰力，為公司與個人創造佳
績。

　　頂新在打大陸市場初期，由於投資餿水油失利，將原本的
資金虧損殆盡。魏應州乃回台求救兵，再度來到大陸，魏應州
想說，假如此次再失敗的話，則永無翻身之地。於是，逼迫自
己，每天早上七點上班，晚上十一點下班，全年無休。真是標
準的「7-11」。其他員工看到老板拼成這種樣子，大家都不敢
「混」，努力認真工作，頂新終於成為大陸泡麵市場的龍頭。[1]

表四之 4：孟子的治國策略是否適用於企業檢討表

項　次	治國策略	是否適用於企業	
		是	否
A	任賢使能	✓	
B	同生死，共存亡	✓	
C	以德服人	✓	
D	明其政刑	✓	
E	仁君不罔民	✓	

1 周啟東、黃玉禎撰，〈康師父傳奇〉，《今周刊》，2009 年 11 月 31 日～2009
年 12 月 6 日，頁 75。

F	善養老	✓	
G	行大義勝於施小惠	✓	
H	善教勝於善政	✓	

（4）孟子的競爭策略

孟子身處征戰連綿不絕的戰國時代，由於孟子主張施行仁政，對那些主張侵略他國的人，孟子視為「率土地而食人肉，罪不容於死。」[2]即便如此，孟子還是提出了一些有關競爭策略的想法，直到今日，還是為許多學者引用：

A、大事小以仁，小事大以智

有一次，齊宣王問

> 孟子：「交鄰國有道乎？」孟子對曰：「有。惟仁者為能以大事小，是故湯事葛、文王事昆夷。惟智者為能以小事大，故大王事獯鬻、句踐事吳。」[3]

國與國交往，貴在和平相處，但若大國心懷不軌，小國就得提心吊膽，步步為營。

大事小以仁，小事大以智。為政者，寧不以為鑑乎？

B、是否併吞對方，以民意為依歸

齊人伐燕，勝之。

> 宣王問曰：「或謂寡人勿取，或謂寡人取之。以萬乘之國，伐萬乘之國，五旬而舉之，人力不至於此。不取，必有天殃。取之何如？」孟子對曰：「取之而燕民悅，則取之；古之人有行之者，武王是也。

---

2 謝冰瑩等編譯，前引書，頁 457。
3 同上註，頁 328。

> 取之而燕民不悅，則勿取；古之人有行之者，文王
> 是也。」[4]

是否併吞對方，孟子主張以民意為依歸，不要來硬的。強摘的果子不會甜，證諸企業購併亦然。

C、兩大之間，難為小

夾在兩個大國之間，小國真是左右為難。有一天，滕文公問

> 孟子：「滕，小國也，間於齊楚。事齊乎？事楚乎？」
> 孟子對曰：「是謀非吾所能及也。……」[5]

孟子很坦白，告訴滕文公他沒有什麼好的對策。不過，這倒是研究競爭策略的一個好題材。我們先來看韓國與中、日兩國的例子：

日本自從明治維新之後，國力日漸強大，日本軍閥逐漸產生了併吞東亞諸國的野心，想建立所謂的「東亞共榮圈」，韓國位於中、日之間，距離日本最近，成為日本對外侵略的第一個目標。韓國原來是中國的藩屬國，但中國無力保護它，只有眼睜睜的看它被日本侵佔。因此，對韓國來說，要先認清是哪一個大國有侵略他國的野心？只是沒想到日本強盛起來後，立即開始發動侵略戰爭，讓韓國措手不及。

假如，時間允許的話，韓國可以盡量拉攏中國，協助他抵抗日本，當然，最重要的，還是要自立自強，如同孟子所說：「鑿斯池也，築斯城也，與民守之，效死而民弗去，則是可為

---

4 謝冰瑩等編譯，前引書，頁341。
5 謝冰瑩等編譯，前引書，頁345。

也。」[6]

D、得道者多助，失道者寡助

孟子說：「天時不如地利，地利不如人和。三里之城，
七里之郭，環而攻之而不勝。夫環而攻之，必有得天
時者矣；然而不勝者，是天時不如地利也。城非不高
也，池非不深也，兵革非不堅也，米粟非不多也；委
而去之，是地利不如人和也。

故曰：域民不以封疆之界，固國不以山谿之險，威天
下不以兵革之利；得道者多助，失道者寡助。寡助之
至，親戚畔之；多助之至，天下順之。以天下之所順，
攻親戚之所畔；故君子有不戰，戰必勝矣。」[7]

得道者多助，競爭力當然大增；失道者寡助，競爭力當然
降低。孔子希望為政者堅守正道，不要胡作非為；孟子則進一
步闡述：得道者多助，失道者寡助，可謂得到孔子的真傳。

（5）孟子的計畫思想

孟子認為做計畫，要殫思竭慮，考慮周詳。尤其是軍國大
事，不能草率應付。孟子舉周公為例，孟子說：「周公思兼三
王以施四事，其有不合者，仰而思之，夜以繼日；幸而得之，
坐以待旦。」[8]

當然，做計畫先要有一個遠大的目標，周公就是以「三王」：
虞舜、夏禹、商湯作為模仿的對象，希望能夠做到和他們一樣，

---

6 謝冰瑩等編譯，前引書，頁345。
7 謝冰瑩等編譯，前引書，頁374。
8 謝冰瑩等編譯，前引書，頁479。

讓百姓可以過幸福、安康的生活。如果，發現有不合的地方，周公就會思考問題的所在，甚至夜以繼日，不眠不休，假如，有幸能找到答案，就會坐以待旦，天一亮，馬上付諸行動。

　　為了國家，為了百姓，周公可以犧牲睡眠，周公真偉大！

　　（6）孟子的組織思想

　　在組織思想方面，孟子強調分工，各司其職。孟子舉舜為例來說明：

　　孟子的弟子桃應問

　　　　孟子：「舜為天子，皋陶為士；瞽瞍殺人，則如之何？」孟子曰：「執之而已矣！」桃應曰：「然則舜不禁與？」孟子曰：「夫舜惡得而禁之？夫有所受之也。」桃應曰：「然則舜如之何？」孟子曰：「舜視棄天下猶敝蹝也。竊負而逃，遵海濱而處，終身訢然，樂而忘天下。」[9]

　　皋陶身為獄官，不能因殺人犯是天子的父親而網開一面，破壞了組織的分工原則，所以，一定要嚴格執法，將犯人繩之以法。

　　舜是位孝子，當然不捨父親因殺人而被處罰（唯一死刑），只好拋棄王位，竊負而逃，跑到無人的海邊，從此，父子倆在那兒過著悠遊自在的生活。成為孔子：「父為子隱，子為父隱」的最佳範例。

---

9 謝冰瑩等編譯，前引書，頁600。

（7）孟子的用人思想

孟子的用人思想可從選拔、訓練、任用三階段來說明，如下：

A、選拔階段：

a、舉賢之道

孟子認為進用賢人要非常的慎重，孟子說：「國君進賢，如不得已，將使卑踰尊，疏踰戚，可不慎與？左右皆曰賢，未可也；諸大夫皆曰賢，未可也；國人皆曰賢，然後察之，見賢焉，然後用之。」[10]

孟子的這套程序也太嚴苛了吧！要「國人皆曰賢，然後察之，見賢焉，然後用之。」「國人皆曰賢」是要做民調嗎？要有全國性的知名度，還要得到大家的認可，多不容易啊！像商鞅，只要和秦孝公談個三天三夜，讓秦孝公覺得商鞅的理念可以讓秦國強盛起來，恢復秦穆公的霸業，就大膽起用商鞅，不必「國人皆曰賢」了！

b、選才之標準

孟子認為主政者最重要的特質是：「其為人也好善」。

有一天，孟子聽說魯國要讓樂正子主政。

> 孟子曰：「吾聞之，喜而不寐。」公孫丑曰：「樂正子強乎？」曰：「否。」「有知慮乎？」曰：「否。」「多聞識乎？」曰：「否。」「然則奚為喜而不寐？」

10　謝冰瑩等編譯，前引書，頁338。

曰：「其為人也好善。」[11]

為政者不能幹、無智慮、少聞識，都沒有關係，只要「其為人也好善」就可以了。

c、知人

所謂「知人知面不知心」，要了解一個人，還不是一件容易的事。有一天，孟子和公明儀聊天聊到逢蒙學射於羿，盡羿之道，思天下惟羿為愈己，於是殺羿。

孟子說：「是亦羿有罪焉。」公明儀說：「宜若無罪焉。」孟子說：「薄乎云爾；惡得無罪？」[12]

孟子認為羿識人不明，收了一個人品不端的徒弟，結果，被徒弟所殺，因此，自己也有錯。識人不明，用人不當，害己誤國，為政者戒之。

d、知人之法

如何「知人」呢？孟子認為可觀察對方的眼神。

孟子說：「存乎人者，莫良於眸子；眸子不能掩其惡。胸中正，則眸子瞭焉；胸中不正，則眸子眊焉。聽其言也，觀其眸子，人焉廋哉？」[13]

孟子還真是孔子的傳人，孔子說：「視其所以，觀其所由，察其所安，人焉廋哉！人焉廋哉！」[14]孟子則是「聽其言也，觀其眸子，人焉廋哉？」儒家對人性的掌握，是很精準的。

11　謝冰瑩等編譯，前引書，頁576。
12　謝冰瑩等編譯，前引書，頁483。
13　謝冰瑩等編譯，前引書，頁458。
14　謝冰瑩等編譯，前引書，頁79。

B、訓練階段：

a、教人為學必有法

孟子很講求教學的方法。

　　孟子說：「羿之教人射，必志於彀，學者亦必志於
　　彀。大匠誨人，必以規矩；學者亦必以規矩。」[15]

學射箭，一定先要練習拉滿弓，若弓都拉不滿，還射什麼
箭呢？這是最基本的要求。若力氣不夠，除了努力練臂力外，
別無他法。不可能連弓都拉不滿，還要練習射箭。

匠師教人必以規矩，學者亦必以規矩，否則，如何施作呢？

因此，教育訓練必須根據基本的要求與運用施作的工具，
如此，才能落實教育訓練，不會淪為空談。

C、任用階段：

a、任賢使能

孟子主張要任用賢良有才幹的人。有一天，孟子見齊宣王，
說道：「為巨室，則必使工師求大木。工師得大木，則王喜，
以為能勝其任也。匠人斲而小之，則王怒，以為不勝其任矣。
夫人幼而學之，壯而欲行之；王曰：『姑舍女所學而從我。』
則何如？今有璞玉於此，雖萬鎰，必使玉人雕琢之。至於治國
家，則曰：『姑舍女所學而從我』則何以異於教玉人雕琢玉哉？」
[16]

官大學問大，王爺是最大的官，當然最有學問，「一切都
要聽我的，我說的算。」只是賢能的王不多見，在他的領導下，

---

15 謝冰瑩等編譯，前引書，頁 557。
16 謝冰瑩等編譯，前引書，頁 340。

國家陷入混亂，百姓也沒好日子過了。

　　b、仁者在位

　　孟子認為惟仁者宜在高位。孟子說：「為高必因丘陵，為下必因川澤。為政不因先王之道，可謂智乎？是以惟仁者宜在高位；不仁而在高位，是播其惡於眾也。」[17]

　　是的，若不仁者如「酷吏」之輩而在高位，其下屬與百姓可要受苦受難了。

　　c、天受之，民受之

　　用人適當與否，要看老天爺、老百姓是否接受他。如何能夠知道老天爺、老百姓能夠接受他呢？孟子說：「使之主祭，而百神享之，是天受之；使之主事而事治，百姓安之，是民受之也。」[18]

　　「使之主事而事治，百姓安之，是民受之也。」從這個角度來看，蘇貞昌前行政院長在防疫（新冠肺炎）期間所發生的口罩之亂、衛生紙之亂、紓困之亂、疫苗之亂，造成百姓不安，蘇貞昌是不及格的，老百姓還能接受他嗎？

　　D、進賢之戒

　　國君欲進用賢臣，但總會受到身邊小人的影響而打消念頭。孔子、孟子、韓非子都深受其害。韓非子以「狗猛酒酸」[19]來揶揄「蔽賢者」，視「蔽賢者」如猛狗。孟子更狠，他說：

17　謝冰瑩等編譯，前引書，頁 443。
18　謝冰瑩等編譯，前引書，頁 507。
19　賴炎元、傅武光注譯，《新譯韓非子》，三民書局，2003 年初版三刷，頁 499-500。

「言無實，不祥。不祥之實，蔽賢者當之。」[20]孟子認為蔽賢者要承擔不祥的後果。也就是在詛咒那些「蔽賢者」。

因此，國君應小心不要被身邊小人蠱惑而喪失晉用賢臣的機會，造成國家的重大損失，國君當引以為戒。

（8）孟子的領導統御思想

孟子的領導統御思想充分體現了他的民本思想，最令人震撼的是他說：「君之視臣如土芥，則臣視君如寇讎。」在那個專制的時代，孟子敢說這樣的話，表現出讀書人的風骨。接著，說明孟子的領導統御思想。

A、領導者要展現領導者的氣勢

孟子自范之齊，望見齊王之子，喟然嘆曰：「居移氣，養移體，大哉居乎？夫非盡人之子與？王子宮室、車馬、衣服多與人同，而王子若彼者，其居使之然也；況居天下之廣居者乎？」[21]

孟子認為一個人的居住環境會影響到他的氣勢。在巍峨的王宮長大的王子，其氣勢當然與眾不同。接著，孟子阿Q式的說，我們這些「居天下之廣居」的人，氣勢當然更雄偉。如何「居天下之廣居」呢？原來是「居仁由義」啊！若能「居仁由義」，則可以培養胸襟與氣度，不輸給王子了！

B、上行下效

孟子認為上位者的行為可做為部屬的表率。孟子說：「君

---

20 謝冰瑩等編譯，前引書，頁 477。
21 謝冰瑩等編譯，前引書，頁 601。

仁，莫不仁；君義，莫不義。」[22]在上位者要有崇高的德行，
讓百姓模仿與效法。

　　C、禮尚往來

　　孟子認為做人要互相，你如何對待別人，別人也會如何對
待你。孟子說：

　　「君之視臣如手足，則臣視君如腹心；

　　君之視臣如犬馬，則臣視君如國人；

　　君之視臣如土芥，則臣視君如寇讎。」[23]

　　有些人當了主管，就自以為很了不起，不把部屬放在眼裡，
也不把部屬當人看，部屬自然會反彈。如此，一定會出問題。

　　D、同甘苦，共患難

　　主管要與部屬甘苦與共，才能培養出革命感情。孟子舉子
思的例子來說明：

　　子思居於衛，有齊寇。或曰：「寇至，盍去諸？」子思曰：
「如伋去，君誰與守？」[24]

　　子思很有義氣，不願拋棄國君自己逃命。不過，假如國君
沒有善待子思的話，子思可能會另作打算。

　　E、天受之，民受之

　　主管的作為，要能得到部屬的認同與接受。如何可知部屬
能接受呢？孟子說：「使之主事而事治，百姓安之，是民受之
也。」當然，這個標準也適用於現代的企業、政府組織。

22　謝冰瑩等編譯，前引書，頁463。
23　同上註，頁470。
24　謝冰瑩等編譯，前引書，頁492。

F、責善

主管應負起監督、糾正部屬行為的責任。孟子認為朋友間要彼此責善，父子間則不必，怕傷了親情。

孟子說：「責善，朋友之道也；父子責善，賊恩之大者。」[25]孔子也認為父子要彼此包庇。孔子說：「父為子隱，子為父隱，直在其中矣。」[26]

主管與部屬的關係，又像父子，又像朋友，但因主管肩負組織成敗之責，若部屬行為偏差，會造成組織重大傷害，則主管勢必要負起監督、糾正的責任。

G、以善養人

如何才能讓百姓心服口服呢？孟子認為「以善服人」還不夠，還要「以善養人」。孟子說：「以善服人者，未有能服人者也。以善養人，然後能服天下。天下不心服而王者，未之有也。」[27]

孟子的標準還真高，也可看出他對國君的期許之深。

對企業組織來說，從「血汗工廠」到「以善養人」不啻天壤之別。企業如何做到「以善養人」呢？茲舉日本出光石油公司為例，說明之。

日本出光石油公司的創辦人出光佐三曾公開宣稱，他的集團就是一個家庭，既有專制的獨裁又有體恤員工的人道，並以此作為動力，推動著公司向前發展。

---

25 謝冰瑩等編譯，前引書，頁 491。
26 謝冰瑩等編譯，前引書，頁 214。
27 謝冰瑩等編譯，前引書，頁 477。

　　出光佐三說：「母親們把她們剛讀完小學的孩子送到我的公司來。我決心代替他們的母親來培育這些孩子。從那時起，無論在什麼場合，我都以一種適當的方式，將我對他們母親般的愛轉化為行動。我從來不解雇員工，因為我們是個大家庭。我們不計時間、沒有時鐘，更不設立工會。我的員工都有房子住，並且都能領取到家庭生活津貼。我真的把自己當作了他們的母親，並以母親一樣的態度關心愛護他們。簡而言之，撫慰、仁慈能造就高尚的人。我的這種母愛思想，將在我們公司長久地保持下去。」[28]

（9）孟子的激勵思想

　　在熙熙攘攘的人世間，許多人每天辛勤的奔波著，有些人為名，也有些人為利，當然，也有很多仁人志士在默默地行善。

　　孟子說：「雞鳴而起，孳孳為善者，舜之徒也；雞鳴而起，孳孳為利者，蹠之徒也。」[29]

　　有人提倡：「日行一善」，要我們把握機會去「行善」，甚至有計畫的「行善」。如此，已屬不易。但要「雞鳴而起，孳孳為善」更是難得。「人為財死，鳥為食亡」，金錢對我們有很大的激勵作用，但是，孟子希望我們能夠「昇華」到為善最樂的境界，去當舜的徒眾。您也想做舜的徒眾嗎？

　　過去，我只知道柳下惠「坐懷不亂」，美女對他來說，不具挑逗力。除此之外，「高官」對他來說，也不具致命的吸引

---

28 殷涵著，《易經與管理藝術（上）》，正展出版公司，2003 年 10 月出版，頁 168。

29 謝冰瑩等編譯，前引書，頁 594。

力。孟子說：「柳下惠不以三公易其介。」[30]柳下惠為人正直耿介，要背離他的人格特質來換取「三公」的官位，他可是不幹的。看到今日的官場，「以今日的我否定昨日的我」大有人在，不知日後有何顏面去見柳下惠。

「高官厚祿」真的有那麼大的激勵作用嗎？那天，下台以後，如何做人呢？或許，唯一的解釋就是：「我們在搞『革命』哪！哪顧得了禮義廉恥呢！」

至於目標的設定，也與激勵有關。有人認為應設定較高的目標，激勵大家努力以赴，即使達不到，也可得到相較不錯的成果。

但也有人認為目標不能訂得太高，假如，讓人覺得再怎麼努力，也無法達成，就會放棄了。

孟子的弟子公孫丑就是持這種看法。有一次，公孫丑和孟子說：

> 「道則高矣，美矣，宜若登天然，似不可及也；何不使彼為可幾及，而日孳孳也？」
> 孟子則回答說：「大匠不為拙工改廢繩墨，羿不為拙射變其彀率。君子引而不發，躍如也。中道而立，能者從之。」[31]

孟子認為他倡導仁義之道，乃中道也。人人都可以做得到，雖說「能者」從之，其實只是你要不要罷了！

---

30 謝冰瑩等編譯，前引書，頁596。
31 謝冰瑩等編譯，前引書，頁604。

（10）孟子的控制思想

孟子的控制思想與孔子類似，較偏重於個人行為方面，當然也有論及組織績效者。分述如下：

A 與個人行為有關者：

a 孟子強調自我反省：

> 1.孟子說：「仁者如射：射者正己而後發；發而不中，不怨勝己者，反求諸己而已矣。」[32]

自己技不如人，就要檢討自己的缺失，努力改正，才有成功的一天。

> 2.孟子說：「愛人不親，反其仁；治人不治，反其智；禮人不答，反其敬。行有不得者，皆反求諸己；其身正，而天下歸之。」[33]

有人怨嘆說：「我那麼愛你，為什麼你都不愛我？」孟子提供了一個很好的答案：「你是否用「仁心」來愛他？」，若你是用很激烈的、近乎瘋狂的、或令人窒息的方式來愛一個人，他能接受嗎？

因此，孟子希望：「行有不得者，皆反求諸己。」如此，才會有好的結果。

> 3.孟子說：「有人於此，其待我以橫逆，則君子必自反也：『我必不仁也，必無禮也，此物奚宜至哉？』其自反而仁矣，自反而有禮矣，其橫逆由是也，君子必自反也：『我必不忠。』自反而忠矣，其橫逆

---

32 謝冰瑩等編譯，前引書，頁 370。
33 謝冰瑩等編譯，前引書，頁 448。

由是也，君子曰：『此亦妄人也已矣！如此，則與
禽獸奚擇哉？於禽獸，又何難焉？』」[34]

若有人對我不好，我要自我反省：是否不仁？無禮？不忠？
假如有的話，就要改正，才能得到別人的正面對待。

4.孟子對孔子的「自反而不縮，雖褐寬博，吾不惴焉？
自反而縮，雖千萬人，吾往矣！」這個說法，非常
認同。[35]

自我反省，如果自己理虧，則對方雖只是個平民，我也會
心虛害怕。自我反省，若站得住腳，則理直氣壯，雖千萬人，
又有什麼好怕的。

b 強調自律

1.孟子說：「非禮之禮，非義之義，大人弗為。」[36]

「大人」的所作所為，均須符合禮、義的要求，否則，他
是不會做的。

2.孟子說：「人有不為也，而後可以有為。」[37]

人有所不為，可見其風骨，而有風骨的人，才能成就大事。

3.孟子說：「仲尼不為已甚者。」[38]

孔子秉持「中庸之道」，因此，孔子不會做那些太過份的
事。

從上述三則信條，可以看出孟子是位非常會自我要求的

---

34 謝冰瑩等編譯，前引書，頁 487。
35 同上註，頁 355。
36 同上註，頁 473。
37 謝冰瑩等編譯，前引書，頁 474。
38 同上註。

人。

　　c 權變

　　天下之道，有正有權；正者萬世之常，權者一時之用；常道人皆可守，權非體道者不能用也——蓋權出於不得已者也。[39]

　　1.嫂溺援之以手

　　　　淳于髡曰：「男女授受不親，禮與？」孟子曰：「禮也。」曰：「嫂溺，則援之以手乎？」曰：「嫂溺不援，是豺狼也。男女授受不親，禮也；嫂溺援之以手者，權也。」[40]

　　事出緊急，須權變以為因應，否則，會造成重大的傷害。

　　2.舜不告而娶，為無後也。

　　　　孟子曰：「不孝有三，無後為大。舜不告而娶，為無後也。君子以為猶告也。」[41]

　　舜的父親瞽瞍偏愛舜的弟弟，對舜不好，甚至還要設計陷害舜。若舜告訴父親要娶堯的二位女兒，瞽瞍一定不會應許的，所以，舜為了怕無後代，成了不孝子，只好不告而娶了。

　　d 是否修訂績效標準？

　　績效標準訂的稍為高一點，可激勵組織成員努力以赴，或許，就可以得到較好的成果。但若績效標準訂的太高，讓人覺得再怎麼努力，也無法達成，他可能就會放棄了。

　　孟子的學生公孫丑看到這種現象，跟孟子說：「道則高矣，

39　謝冰瑩等編譯，前引書，頁 466。
40　謝冰瑩等編譯，前引書，頁 459。
41　同上註，頁 466。

美矣，宜若登天然，似不可及也；何不使彼為可幾及，而日孳孳也？」孟子回答說：「大匠不為拙工改廢繩墨，羿不為拙射變其彀率。君子引而不發，躍如也。中道而立，能者從之。」[42]

孟子的「仁義之道」是否陳義過高，一般人無法做到？孟子覺得他是「中道而立」，因此，「能者從之」，而做不到的，就不勉強了。

e 強調自我控制

孟子強調自我控制，不達目標，絕不中止。

> 孟子說：「有為者，辟若掘井——掘井九軔不及泉，猶為棄井也。」[43]

若挖不到水，即使已挖了九軔深，假如，不再繼續挖下去，那它還是沒有用的。

B 與組織績效有關者：

孟子認為要考核各級官員的施政績效，並給予獎懲。在《孟子》書中，有兩段故事，記載了相關的討論情況：

> a 孟子謂齊宣王曰：「王之臣，有託其妻子於其友，而之楚遊者；比其反也，則凍餒其妻子。則如之何？」王曰：「棄之。」曰：「士師不能治士，則如之何？」曰：「已之。」曰：「四境之內不治，則如之何？」王顧左右而言他。[44]

> b 孟子之平陸，謂其大夫曰：「子之持戟之士，一日

---

42 謝冰瑩等編譯，前引書，頁 604。
43 謝冰瑩等編譯，前引書，頁 596。
44 謝冰瑩等編譯，前引書，頁 336。

　　而三失伍，則去之否乎？」曰：「不待三。」「然則
　　子之失伍也亦多矣！凶年饑歲，子之民，老羸轉於
　　溝壑，壯者散而之四方者，幾千人矣。」曰：「此
　　非距心之所得為也。」曰：「今有受人之牛羊而為
　　之牧之者，則必為之求牧與芻矣。求牧與芻而不得，
　　則反諸其人乎？抑亦立而視其死與？」曰：「此則
　　距心之罪也。」他日，見於王曰：「王之為都者，
　　臣知五人焉；其知罪者，惟孔距心。」為王誦之。
　　王曰：「此則寡人之罪也。」[45]

　　士師、大夫都要對他的工作盡心竭力，若不能達成工作的
目標，就要負起責任，接受懲罰。知罪者，當設法採取適當作
為，改善其狀況，以不愧職守。

　　孟子基於「民本思想」，要求政府各級主管，負起應承擔
的責任，不可好官我自為之，更不可官官相護，且國君要負起
最大的責任，以確實執行「控制」功能。

---

45 謝冰瑩等編譯，前引書，頁380。

（三）荀子的管理思想

1.荀子的生平

荀子，名況，被尊稱為荀卿，又稱孫卿，生於戰國時代，趙國人。私淑於孔子，能得其外王之學之正傳。為戰國時代著名的儒家學者。

當齊宣王、威王聚天下賢士於稷下，尊寵之。若鄒衍、田駢、淳于髡之屬甚眾，號曰列大夫。是時，孫卿有秀才，年五十，始來游學。至齊襄王時，孫卿最為老師。齊尚修列大夫之缺，而孫卿三為祭酒焉。（祭酒猶今之主任）。齊人或讒孫卿，孫卿乃適楚。楚相春申君以為蘭陵令。或謂春申君曰：「湯以七十里，文王以百里，孫卿賢者也，今與之百里之地，楚其危乎？」春申君謝之，孫卿去之趙。後客謂春申君曰：「伊尹去夏入殷，殷王而夏亡。今孫卿天下賢人，所去之國，其不安乎？」春申君使人聘孫卿。孫卿遺書刺楚國，因為歌賦以遺春申君。春申君恨，復固謝孫卿，孫卿乃行，復為蘭陵令。春申君死，而孫卿廢。家居蘭陵。在此期間曾入秦，見秦昭王與秦相應侯，稱秦國「百姓朴」、「百吏肅然」而近「治之至也」。後曾返回趙國，與臨武君議兵於趙孝成王前，以為「用兵攻戰之本在乎壹民」、「善附民者，是乃善用兵者也。」然皆不能用。

晚年，從事教學和著述，李斯嘗為弟子，已而相秦。及韓非、浮丘伯皆受業為名家。荀卿宣揚儒學和傳授六經，批判子

思、孟子等儒家學者與墨家、道家等其他學派，其著作後世編為《荀子》一書[1]。

2.荀子的著作

《漢書‧藝文志》儒家類著錄《孫卿子》三十三篇，宋朝王應麟考證說當作三十二篇。漢朝劉向《校書序錄》稱，所校讎中孫卿書凡三百二十二篇，以相校除復重二百九十篇，定著三十二篇。唐朝楊倞分易卷第，更名為《荀子》，為之做注。

今本《荀子》三十二篇，胡適先生說今本乃係後人雜湊而成，如〈大略〉、〈宥坐〉、〈子道〉、〈法行〉等，全是東拉西扯拿來湊數的。還有許多篇的分段全無道理，如〈非相篇〉的後兩章，全與『非相』無干；又如〈天論篇〉的末段，也和『天論』無干。又有許多篇，如今都在《大戴》、《小戴》的書中（如〈禮論〉、〈樂論〉、〈勸學〉諸篇），或在《韓詩外傳》之中，究竟不知是誰抄誰。大概〈天論〉、〈解蔽〉、〈正名〉、〈性惡〉四篇全是荀卿的精華所在，其餘的二十餘篇，即使真不是他的，也無關緊要了。（見《中國古代哲學史》第十一篇第一章）胡氏雖然沒有詳細舉證，但已確切說明今本《荀子》乃係後人雜湊的。

今本《荀子》，的確有些篇章字句有問題，但是我們在沒有獲得確切證據之前，不能一筆抹殺，完全捨棄不治，大致像〈正名〉、〈解蔽〉、〈富國〉、〈天論〉、〈性惡〉、〈正

1　王忠林注譯，《新譯荀子讀本》，三民書局，2015 年 6 月二版四刷，導讀，頁1-2。

論〉、〈禮論〉等篇，大家公認疑問很少的，而這幾篇又是荀子學論的精華所在，我們應該多加鑽研採納。至於大家所共同懷疑而問題較多的幾篇，不妨小心引用，以免誤入歧途[2]。

　　本書乃以王忠林先生注譯，三民書局印行的《新譯荀子讀本》為依據，來探討荀子的管理思想。

3.荀子的管理思想

　　荀子當過蘭陵令，雖然，沒有機會出任更高層級的行政職位，但在《荀子》書中，他一再宣示他的治國理念，希望有機會可以治理一個諸侯國，讓它稱王於天下，只是沒有實現。接著，我們來探討荀子的管理思想：

（1）荀子的治國理念

A、施行禮治

　　相對於孔子主張「行仁政」，荀子主張「施行禮治」。老子說：「失道而後德，失德而後仁，失仁而後義，失義而後禮。」[3]。「禮治」似乎比「仁政」差了一大截。但荀子講「禮治」，有其時代背景。荀子身處於戰國末期，相對於孔子的春秋時代，世道人心已大幅低落，連較荀子早一些的商鞅都已經認為「人心不古」了[4]。講「仁義道德」已經沒有多大的用處，所以，荀子主張「施行禮治」。

---

2 王忠林注譯，《新譯荀子讀本》，三民書局，2015 年 6 月二版四刷，導讀，頁10-13。

3 余培林注譯，《新譯老子讀本》，三民書局，2004 年 11 月初版十八刷，頁 80。

4 貝遠辰注譯，《新譯商君書》，三民書局，85 年 10 月初版，頁 79。

荀子的論點如下：

a、人君者，隆禮尊賢而王，重法愛民而霸[5]。

b、君人者，隆禮尊賢而王[6]。

c、人生而有欲，欲而不得，則不能無求，求而無度量分界，則不能不爭。爭則亂，亂則窮。先王惡其亂也，故制禮義以分之，以養人之欲，給人之求。使欲必不窮乎物，物必不屈於欲，兩者相持而長，是禮之所起也。故禮者養也；……。君子既得其養，又好其別。曷謂別？曰：貴賤有等，長幼有差，貧富輕重皆有稱者也[7]。

d、禮有三本：天地者，生之本也；先祖者，類之本也；君師者，治之本也。無天地，惡生？無先祖，惡出？無君師，惡治？三者偏亡焉無安人。故禮上事天，下事地，尊先祖而隆君師，是禮之三本也[8]。

e、禮者，斷長續短，損有餘，益不足，達愛敬之文，而滋成行義之美者也[9]。

f、水行者表深，使人無陷；治民者表禮，使人無失。禮者，其表也，先王以禮表天下之亂，今廢禮者，是去表也。故民迷惑而陷禍患，此刑罰之所以繁也[10]。

g、禮以順人心為本，故亡於《禮經》而順人心者，皆禮

---

5 王忠林注譯，前引書，頁276。

6 同上註，頁298。

7 同上註，頁334。

8 同上註，頁335。

9 王忠林注譯，前引書，頁340。

10 王忠林注譯，前引書，頁473。

也[11]。

　　h、禮者，政之輓也，為政不以禮，政不行矣[12]。

　　i、禮之於正國家也，如權衡之於輕重也，如繩墨之於曲直
也。故人無禮不生，事無禮不成，國家無禮不寧[13]。

　　從上述九個論點中，可以看出荀子對「禮」的重視，不過，
從 a、論點，也透露出「法」的威力──「重法愛民而霸」，
這個論點可能是受到商鞅的影響，商鞅變法，奠定了秦國富強
的基礎，荀子應看得很清楚。

　　B、施行樂治

　　荀子對「音樂」的重視是先秦諸子所僅見。從這裡，可以
看出荀子對人性的觀察入微，也充分掌握了人性的奧秘。我們
來看荀子的論點：

　　a、夫樂者，樂也，人情之所必不免也。故人不能無樂；
樂則必發於聲音，形於動靜；而人之道，聲音動靜，性術之變
盡是矣。故人不能不樂；樂則不能無形；形而不為道，則不能
無亂。先王惡其亂也，故制雅頌之聲以道之，使其聲足以樂而
不流，使其文足以辨而不諰；使其曲直繁省廉肉節奏足以感動
人之善心，使夫邪污之氣無由得接焉；是先王立樂之方也[14]。

　　b、樂者，聖人之所樂也，而可以善民心，其感人深，其
移風易俗，故先王導之以禮樂而民和睦。夫民有好惡之情，而

11　王忠林注譯，前引書，頁 474。
12　王忠林注譯，前引書，頁 475。
13　王忠林注譯，前引書，頁 477。
14　王忠林注譯，前引書，頁 364。

無喜怒之應，則亂；先王惡其亂也，故修其行，正其樂，而天下順焉[15]。

　　c、姦聲感人而逆氣應之，逆氣成象而亂生焉。正聲感人而順氣應之，順氣成象而治生焉[16]。

　　從上述荀子對音樂的生成、功效之說明，可知音樂和國家的治亂有很大的關係，《詩經》中的〈雅〉、〈頌〉，可使音樂「樂而不流」、「感動人之善心」、使得「邪污之氣無由得接焉」。以至於「正聲感人而順氣應之，順氣成象而治生焉。」因此，荀子大力提倡「施行樂治」。

　　C、施行先王之道

　　荀子提倡「施行先王之道」，什麼是「先王之道」？荀子有兩種說法：

　　a、先王之道，仁之隆也，比中而行之。曷謂中？曰：禮義是也[17]。

　　b、尚賢使能，等貴賤，分親疏，序長幼，此先王之道也[18]。

　　當然，先王之道的內涵不僅是上述兩項而已，要盡量發揚先王勤政愛民、仁心仁政的精神，以造福百姓。

　　D、行常道

　　老子說：「人法地，地法天，天法道，道法自然。」[19]，

15　王忠林注譯，前引書，頁 366。
16　王忠林注譯，前引書，頁 367。
17　王忠林注譯，前引書，頁 96。
18　王忠林注譯，前引書，頁 444。
19　余培林注譯，《新譯老子讀本》，三民書局，2004 年 11 月初版十八刷，頁 54。

　　《易經》也提到：「天行健，君子以自強不息。」[20]，
人要效法天道，奮發圖強，永不止息。荀子認為：管
理部屬要守天道，而自己做事要守常道。

　　荀子說：

　　a、官人守天，而自為守道也[21]。

　　有一首葉啟田的閩南語歌：《愛拼才會贏》中，有一句歌
詞為：「總嘛要照起工來行」，也是要人按步就班，按照規矩
來做事情。

　　荀子也認為該怎麼做，就怎麼做，不要貪圖近利，而壞了
常道。

　　荀子說：

　　b、天不為人之惡寒也輟冬，地不為人之惡遼遠也輟廣，
君子不為小人匈匈也輟行。天有常道矣，地有常數矣，君子有
常體矣。君子道其常，而小人計其功[22]。

　　假如，老天爺怕人們冷，趕走了冬天，那人的日子會好過
嗎？對農業來說，可能就會出大問題，冬天氣溫低，可以使病
蟲生長趨緩，甚至凍死，對春耕比較有幫助。若沒有冬天，病
蟲害可能比較嚴重，能否豐收？可能就要祈禱上天了。

　　E、行中正之道

　　《易經》強調得中得正的「中正之道」，荀子也藉著魯桓
公廟的欹器，來強調「中正之道」。

20　郭建勳注譯，《新譯易經讀本》，三民書局，2004 年 7 月初版五刷，頁 8。
21　王忠林注譯，前引書，頁 296。
22　王忠林注譯，前引書，頁 296。

　　有一天，孔子帶著一群弟子去參觀魯桓公的廟。看到了一個怪東西，就問顧廟的先生，說：「這是什麼東西？」廟公說：「這是宥坐之器。」孔子說：「我聽說宥坐之器，虛則敧，中則正，滿則覆。」孔子就叫弟子將水灌入該器，弟子取水灌入，果然，中則正，滿而覆，虛而敧。孔子喟然而嘆說：「吁！惡有滿而不覆者哉！」[23]

　　由此，告誡執政者，不能自滿，否則，就很容易覆亡。

　　F、教化人民

　　對儒家來說，教化人民，是一項非常重要的工作。有一次，孔子對身旁的人說，他想移居到九夷（現今韓國）去，有人就說：「那裡很鄙陋！」孔子回答說：「君子住在那裡，還怕那裡會鄙陋！」[24]

　　荀子也很重視教化，他的論點如下：

　　a、故賞不用而民勸，罰不用而民服，有司不勞而事治，政令不煩而俗美；百姓莫敢不順上之法，象上之志，而勸上之事，而安樂之矣。[25]

　　b、臨事接民，而以義變應，寬裕而多容，恭敬以先之，政之始也；然後中和察斷以輔之，政之隆也；然後進退誅賞之，政之終也。故一年與之始，三年與之終。用其終為始，則政令不行而上下怨疾，亂所以自作也[26]。

23　王忠林注譯，前引書，頁 510。
24　謝冰瑩等編譯，《新譯四書讀本》，三民書局，2013 年 2 月六版七刷，頁 164。
25　王忠林注譯，前引書，頁 208。
26　王忠林注譯，前引書，頁 245。

c、故欲過之而動不及，心止之也，心之所可中理，則欲雖多，奚傷於治！欲不及而動過之，心使之也，心之所可失理，則欲雖寡，奚止於亂！故治亂在於心之所可，亡於情之所欲[27]。

d、不富無以養民情，不教無以養民性。故家，五畝宅，百畝田，務其業而勿奪其時，所以富之也。立大學，設庠序，修六禮，明十教，所以道之也。《詩》曰：「飲之食之，教之誨之。」王事具矣[28]。

e、上失之，下殺之，其可乎？不教其民而聽其獄，殺不辜也[29]。

f、今之世則不然，亂其教，繁其刑，其民迷惑而墮焉，則從而制之，是以刑彌繁而邪不勝[30]。

從上述六個論點，可以看出荀子非常重視教化的工作，這是主政者的職責，做不好，要怪自己，不能把責任全推給做錯的百姓。

G、行仁政

荀子也主張「行仁政」，荀子說：「古之王者有務而拘領者矣，其政好生而惡殺焉。是以鳳在列樹，麟在郊野，鳥鵲之巢，可俯而窺也[31]。」「好生而惡殺」展現主政者的仁心善念。

H、從欲而治

從欲而治，就是「禮治」的深一層說法。「禮」是因人生

27　王忠林注譯，前引書，頁 407。
28　王忠林注譯，前引書，頁 479。
29　王忠林注譯，前引書，頁 511。
30　王忠林注譯，前引書，頁 512。
31　王忠林注譯，前引書，頁 537。

而有欲，欲而不得，則不能無求，求而要度量分界，則不能不
爭。爭則亂，亂則窮。先王惡其亂也，故制禮義以分之，以養
人之欲，給人之求[32]。從欲而治，就是直接去探討人的欲望，
然後，制定有效的政策，來讓國家得以富強。

　　舜曰：「維予從欲而治。」[33]是直指人性的，與韓非
　　的「凡治天下，必因人情。」[34]相互輝映。

　I、無為而治

　　荀子也主張「無為而治」。荀子說：「不為而成，不求而
得，夫是之謂天職。如是者，雖深，其人不加慮焉；雖大，不
能加焉；雖精，不加察焉；夫是之謂不與天爭職[35]。」在此，
荀子強調順其自然，這是老天爺安排的，不要和老天爺去爭什
麼。

　　荀子又說：「聖人清其天君，正其天官，備其天養，
　　順其天政，養其天情，以全其天功；如是則知其所
　　為，知其所不為矣；則天地官而萬物役矣。其行曲
　　治，其養曲適，其生不傷，夫是之謂知天。故大巧
　　在所不為，大智在所不慮[36]。

　　荀子認為我們要「知天」，知曉大自然的規律、法則。知
道老天爺會做什麼，不會做什麼，如此，就可順從天道，不會

32　王忠林注譯，前引書，頁 334。
33　王忠林注譯，前引書，頁 473。
34　賴炎元、傅武光注譯，《新譯韓非子》，三民書局，2003 年 2 月初版三刷，
　　頁 688。
35　王忠林注譯，前引書，頁 294。
36　王忠林注譯，前引書，頁 295。

逆天而行。因此，總結出「大巧在所不為，大智在所不慮。」

　　J、力行

　　荀子強調「力行哲學」，荀子說：「道雖邇，不行不至；事雖小，不為不成。」[37]荀子也說：「君子敬其在己者，而不慕其在天者。」[38]中彩券的頭彩，是人人所盼望的，但中不中，不是個人所能左右的，別人中頭彩，是他的福氣，荀子告訴我們：「不慕其在天者」。

　　K、公平

　　荀子認為領導者要做到公平，才不會讓部屬抱怨而心生不滿。荀子藉《詩經·曹風·鳲鳩》說：「鳲鳩在桑，其子七兮。淑人君子，其儀一兮。其儀一兮，心如結兮。」[39]鳲鳩鳥如何餵養他的七隻幼鳥呢？早上他從第一隻餵到最後一隻，晚上，又從最後一隻餵到第一隻。以免讓後面的那幾隻，經常都沒得吃。荀子藉由這個案例，來告訴領導者要學鳲鳩，做到公平。荀子說：「請問為人君？曰：以禮分施，均遍而不偏。」[40]只要公平，就不會引起怨懟與不滿。

　　L、積微

　　為學、為善都是一點一滴，逐漸累積，聚沙成塔。為政也是一樣，荀子說：「財物貨寶以大為重，政教功名反是，能積微者速成。」[41]莫以善小而不為，積小勝為大勝，只要方向對

37　王忠林注譯，前引書，頁18。
38　王忠林注譯，前引書，頁296。
39　王忠林注譯，前引書，頁3。
40　王忠林注譯，前引書，頁208。
41　王忠林注譯，前引書，頁283。

了，不走冤枉路，就會很快達到終點。

M、超前佈署

這句被現今（民國 112 年）政府濫用的一句話，成了大內宣的台詞，已成了笑話。我們來看一看，荀子是麼說的：「配天而有下土者，先事慮事，先患慮患。先事慮事謂之接，接則事優成。先患慮患謂之豫，豫則禍不生。事至而後慮者謂之後，後則事不舉。患至而後慮者謂之困，困則禍不可禦。」[42]

「先事慮事，先患慮患」，現今政府忙著整肅異己，忙著搶奪資源，吃香喝辣，哪有空去「超前佈署」。這幾年來，老百姓排隊搶口罩、衛生紙、疫苗、快篩劑、雞蛋，真是夠了，下一個，不知要排隊搶什麼？真是台灣人的「共業」。荀子地下有知，也會長嘆一聲吧！

N、敬戒無怠

荀子要主政者「敬戒無怠」，像周公那樣：「一沐三握髮，一飯三吐哺」[43]。

　　荀子說：「敬戒無怠。慶者在堂，弔者在閭。禍與福鄰，莫知其門。豫哉豫哉！萬民望之。」[44]什麼時候會發生什麼事情，誰都不知道，主政者要心存敬畏、防備可能發生的天災人禍，一刻不能鬆懈。

總結荀子的上述十四項治國理念，主政者要有仁心善念，

42　王忠林注譯，前引書，頁 475。
43　《史記‧魯周公世家》，見吳似倩、楊敏怡編著，《常用經史子集典故大辭典》，文國書局出版，1997 年 10 月初版一刷，頁 18。
44　王忠林注譯，前引書，頁 475。

要隆禮尊賢，要重視教化，要遵守常道，要持中守正，要身體力行，要公平，要積小善成大善，要超前佈署，要努力不懈。如此，才能強國富民，給人民過幸福、快樂的生活。

（2）荀子的管理哲學

A、荀子的人性論

荀子主張性惡論，在荀子之前，商鞅也看到了人性不變，商鞅說：「古之民，樸以厚，今之民，巧以偽。」[45]不過，商鞅並沒有說「人性本惡」。倒是荀子，針對孟子的「性善論」，提出「性惡論」。荀子說：「人之性惡，其善者偽也。今人之性，生而有好利焉，順是，故爭奪生而辭讓亡焉；生而有疾惡焉，順是，故殘賊生而忠信亡焉；生而有耳目之欲，有好聲色焉，順是，故淫亂生而禮義文理亡焉。然則，從人之性，順人之情，必出於爭奪，合於犯分亂理而歸於暴。故必將有師法之化，禮義之道，然後出於辭讓，合於文理而歸於治。用此觀之，然則人之性惡明矣，其善者偽也。」[46]

荀子認為，按照人性的自然發展，一定會造成爭奪、暴亂。需要有老師、規矩的教化、禮義的誘導，然後才會出於辭讓，合於文理而歸之於治。

因此，人的本性是惡的，為什麼會表現出善的一面呢？那是因為後天的教育所造成的。所以，荀子非常強調老師在教化上的重要性。

B、荀子的價值論

45　貝遠辰注譯，前引書，頁 79。
46　王忠林注譯，前引書，頁 423。

　　荀子非常重視「義」，這倒與孟子相同。荀子強調「重義輕利」，在《荀子》書中，多處提及：

　　a、重義輕利

　　（ i ）保利棄義謂之至賊[47]。

　　（ ii ）身勞而心安，為之；利少而義多，為之[48]。

　　（ iii ）欲利而不為所非[49]。

　　（ iv ）義之所在，不傾於權，不顧其利，舉國而與之不為改視，重死持義而不橈，是士君子之勇也[50]。

　　（ v ）先義而後利者榮，先利而後義者辱[51]。

　　（ vi ）請成相，道聖王，堯舜尚賢身辭讓，許由善卷，重義輕利，行顯明[52]。

　　（ vii ）義與利者，人之所兩有也。雖堯舜不能去民之欲利，然而能使其欲利不克其好義也。雖桀紂亦不能去民之好義，然而能使其好義不勝其欲利也。故義勝利者為治世，利克義者為亂世。上重義則義克利，上重利則利克義[53]。

　　（ viii ）故君子苟能無以利害義，則恥辱亦無由至矣[54]。

　　上述八項論述，說明荀子對「義」的重視。荀子認為：人好義也好利，但如果面對「義」、「利」有所衝突的時候，就

47　王忠林注譯，前引書，頁 16。
48　王忠林注譯，前引書，頁 17。
49　王忠林注譯，前引書，頁 27。
50　王忠林注譯，前引書，頁 42。
51　王忠林注譯，前引書，頁 42。
52　王忠林注譯，前引書，頁 451。
53　王忠林注譯，前引書，頁 481。
54　王忠林注譯，前引書，頁 530。

要保義棄利，不能以利害義。

b、捨身取義

荀子認為：君子畏患而不避義死[55]，他會捨身取義。

c、法勝私、公義勝私欲

> 荀子說：君子怒不過奪，喜不過予，是法勝私也。《書》曰：「無有作好，遵王之道。無有作惡，遵王之路。」此言君子之能以公義勝私欲也[56]。「法勝私」、「公義勝私欲」。是主政者保持清明的第一準則，不要讓私欲凌駕法律與公義。

d、重操守輕富貴

> 荀子引述：「彼正身之士，舍貴而為賤，舍富而為貧，舍佚而為勞，顏色黎黑而不失其所，是以天下之紀不息，文章不廢也[57]。」

能正君王之身的士君子，不會羨慕富貴，不會貪圖安逸，即使被曬成黑碳，還是堅守崗位，努力不懈。因此，天下的綱紀得以維繫，道德文章得以傳承。

e、仁義勝於地位

荀子認為，君子要秉持仁義，不仁不義的事，絕對不要做，即使有再多再大的好處，也不要做。

> 荀子說：「行一不義，殺一無罪，而得天下，不為也[58]。」

55　王忠林注譯，前引書，頁27。
56　王忠林注譯，前引書，頁20。
57　王忠林注譯，前引書，頁547。
58　王忠林注譯，前引書，頁96。

> 當皇帝，多麼誘惑人呀！但要「行一不義，殺一無罪」，不行，還是算了吧！

f、役物 vs.役於物

許多人深陷物欲之中，迷失了自己。我們要追求那些物質的享受嗎？豪宅、名車、美食、行頭，它們究竟代表什麼？它們充實了我們的生活嗎？它們讓我們的人生更有意義了嗎？為了追求它們，我們付出了什麼代價？除了努力、血汗，還包括我們的人格與尊嚴嗎？我們是「物」的主人？還是「物」的奴隸呢？

> 荀子認為：「志意修則驕富貴，道義重則輕王公；內省而外物輕矣。傳曰：『君子役物，小人役於物。』此之謂也[59]。」

荀子要我們修練我們的意志，就不會迷戀富貴；重視道義，就不會崇拜權貴；注重內省的功夫，就不會重視外物了。讓我們做一個獨立自主的人，不必委曲自己，不必作賤自己，做一個堂堂正正的人。

（3）荀子的治國策略

A、施行王道

荀子主張施行王道，較之霸道，更能讓天下臣服。荀子的論點如下：

a、王者仁眇天下，義眇天下，威眇天下。仁眇天下，故天下莫不親也。義眇天下，故天下莫不貴也。威眇天下，故天

59　王忠林注譯，前引書，頁17。

下莫敢敵也。以不敵之威，輔服人之道，故不戰而勝，不攻而得，甲兵不勞而天下服，是知王道者[60]。

b、無德不貴，無能不官，無功不賞，無罪不罰。朝無幸位，民無幸生。尚賢使能，而等位不遺；析愿禁悍，而刑罰不過。百姓曉然皆知夫為善於家而取賞於朝也，為不善於幽而蒙刑於顯也。夫是之謂定論，是王者之論也[61]。

c、吾觀於鄉，而知王道之易易也。……，貴賤明，隆殺辨，和樂而不流，弟長而無遺，安燕而不亂，此五行者，是足以正身安國矣。彼國安而天下安。故曰：吾觀於鄉而知王道之易易也[62]。

「王者仁眇天下，義眇天下，威眇天下。」，要做到這三點，真是不容易。五百年，必有王者興。孟子說：「由堯、舜至於湯，五百有餘歲，若禹、皋陶則見而知之，若湯則聞而知之。由湯至於文王，五百有餘歲，若伊尹、萊朱則見而知之，若文王則聞而知之。由文王至於孔子，五百有餘歲，若太公望、散宜生則見而知之，若孔子則聞而知之[63]。」孔子似乎不能定位為「王者」，孔子「仁眇天下」，「義眇天下」，可惜做不到「威眇天下」，只能算是一位「聖人」了。

期待「王者」再現，引領中華民族「偉大復興」！

B、施行仁義之道

60 王忠林注譯，前引書，頁127。
61 王忠林注譯，前引書，頁128。
62 王忠林注譯，前引書，頁368。
63 謝冰瑩等編譯，前引書，頁634。

荀子說:「故用國者,義立而王,信立而霸,權謀立
而亡;三者明主之所謹擇也,仁人之所務白也[64]。

近幾十年來,美國為了維持自己的霸權地位,在各地煽風
點火,製造事端,成為「戰爭的製造者」,當其他國家覺醒時,
就是美國敗亡的開始。

C、性偽合

荀子認為後天的修養要與先天的本質相互配合,才能造就
一個優秀的人才。

荀子說:「性者,本始材朴也;偽者,文理隆盛也。
無性則偽之無所加;無偽則性不能自美;性偽合,
然後聖人之名一,天下之功於是就也。故曰:天地
合而萬物生,陰陽接而變化起,性偽合而天下治。
天能生物,不能辨物也;地能載人,不能治人也;
宇中萬物,生人之屬,待聖人然後分[65]。」

荀子希望我們能充分了解每一個人的特性,就好像木雕師
要先觀察要雕刻的木材,它的尺寸大小、硬度、紋理,要雕刻
成什麼樣的成品,才能發揮它的最高價值。人也是一樣,要因
才施教,才能得到最好的教育成果。

「性偽合而天下治」,那是多麼完美的景象啊!

D、善附民

荀子認為:用兵、作戰最基本的工作,就是統一人
民的意志。荀子說:「臣所聞古之道,凡用兵攻戰

---

64 王忠林注譯,前引書,頁177。
65 王忠林注譯,前引書,頁341。

之本，在乎壹民。弓矢不調，則羿不能以中微；六
馬不和，則造父不能以致遠；士民不親附，則湯武
不能以必勝也。故善附民者，是乃善用兵者也。故
兵要在乎善附民而已[66]。」

國共內戰，最後國民黨政府落敗，原因很多，最大的原因，
就是共產黨擅於組織、動員周遭的民兵、民眾。他們「統戰」
的工作，做得很好，「統戰」就是統一戰線，就是聯合所有的
人員，甚至包括次要的敵人，來打擊主要的敵人。也會聯合明
天的敵人來打擊今天的敵人。他們的策略十分靈活，充份做到
荀子「善附民」的主張。

E、施行樂治

荀子認為音樂的功效非常大，在家、在鄉里、甚至
在廟堂之上，都可以達到和樂的效果。荀子說：「故
樂在宗廟之中，君臣上下同聽之，則莫不和敬；閨
門之內，父子兄弟同聽之，莫不和親；鄉里族長之
中，長少同聽之，則莫不和順。故樂者，審一以定
和者也，比物以飾節者也，合奏以成文者也；足以
率一道，足以治萬變；是先王立樂之術也[67]。」

音樂除了可以使大家和樂外，也可激發志意、端莊容貌，
還可讓軍隊的行列左右標齊對正，進退整齊一致。荀子說：「故
聽其雅頌之聲，而志意得廣焉；執其干戚，習其俯仰屈伸，而
容貌得莊焉；行其綴兆，要其節奏，而行列得正焉，進退得齊

---

66 王忠林注譯，前引書，頁250。
67 王忠林注譯，前引書，頁364。

焉[68]。」

　　甚至於在軍隊出征時，用音樂來激勵士氣，如：呼口號、唱軍歌，都有相當的作用。在歷史劇：《大秦帝國》中，秦軍最常呼的口號就是：「赳赳老秦，共赴國難。」唱起軍歌來，堅定渾厚，充滿了殺氣，讓人不寒而慄。對秦軍來說，呼口號、唱軍歌都有非常好的激勵效果。荀子看到了這個現象，因此，他說：「故樂者，出所以征誅也，入所以揖讓也。征誅揖讓，其義一也。出所以征誅，則莫不聽從；入所以揖讓，則莫不從服。故樂者，天下之大齊也，中和之紀也，人情之所必不免也；是先王立樂之術也[69]。」音樂發揮了齊一軍心、齊一部隊行動的作用，主政者應予重視、支持，以發揚先王的「立樂之術」。

　　F、情緒管理策略

　　主政者要懂得情緒管理，不要隨便發脾氣，讓部屬有伴君如伴虎的感覺。

　　　　荀子說：「且樂者，先王之所以飾喜也；軍旅鈇鉞者，先王之所以飾怒也。先王喜怒皆得其齊焉。是故喜而天下和之，怒而暴亂畏之[70]。」文王一怒而安天下之民[71]，而不是讓大家雞飛狗跳。

　　主政者要善用音樂與武力來表達喜悅與憤怒兩種情緒，做好情緒管理，表現出王者之風。

68　王忠林注譯，前引書，頁365。
69　王忠林注譯，前引書，頁365。
70　王忠林注譯，前引書，頁365。
71　謝冰瑩等編譯，前引書，頁328。

G、敬其寶，愛其器，任其用，除其妖

荀子將人分為四種：國寶、國器、國用與國妖，要用不同的方法來對待他們。

> 荀子說：「口能言之，身能行之，國寶也。口不能言，身能行之，國器也。口能言之，身不能行，國用也。口言善，身行惡，國妖也。治國者，敬其寶，愛其器，任其用，除其妖[72]。

如今，廟堂之上，不見國寶，國妖橫行。老百姓只有自求多福了。

（4）荀子的競爭策略

身處戰國時代的荀子，深感各國生存發展的競爭壓力。當時，秦國在秦孝公大力支持商鞅變法後，國力長足發展，已俱備併吞六國的實力。身為趙國人的荀子，被齊國的稷下學宮吸引，來到齊國。齊國在春秋時代，即由管仲幫齊桓公建立了霸業，成為春秋時代第一位霸主。後來，田和篡齊，到了戰國時代，齊國仍是一個有份量的大國。齊國的大將田忌和軍師孫臏，打了幾次勝仗，「圍魏救趙」已成為後世研讀兵法的必修課。馬陵道誘殺魏將龐涓更成為經典之作。

荀子在人才濟濟的稷下學宮，逐漸展露頭角，三為「祭酒」。荀子飽讀詩書，在競爭策略方面，也有相當的見地，分述如下：

A、強自取柱，柔自取束[73]

荀子認為：「強者就應擔任組織的支柱，撐起一片天。柔

72　王忠林注譯，前引書，頁478。
73　王忠林注譯，前引書，頁2。

弱者就當與他人集結成束，就好像稻草，許多稻草捆綁在一起，才不會被風吹走[74]。」春秋五霸，各領風騷，是「強自取柱」的實例；蘇秦提倡聯合六國以抗強秦的「合縱」策略，則是「柔自取束」的最佳實例。

在「SWOT」分析中，我們要分析本身的強項與弱點，認清自己在整體環境中所處的優劣地位，才不致於選擇錯誤的決策。

B、施行王道

荀子認為只要施行王道，四方諸國都會歸順他，不須動用武力。

> 荀子說：「故古之人，有以一國取天下者，非往行之也；脩政其所莫不願，如是而可以誅暴禁悍矣。故周公南征而北國怨，曰：何獨不來也！東征而西國怨，曰：何獨後我也！孰能有與是鬥者與！[75]」

只要施行王道，四方諸國都會歸順嗎？戰國時代，很多國家的君主都是存疑的，包括：孟子見過的梁惠王、齊宣王，還有荀子那個年代的齊襄王、秦昭王與趙孝成王。因此，孟子得不到重用，荀子也是一樣。倒是法家與兵家較容易得到青睞。

C、己立立人

荀子認為：王者與稱霸者不同，王者「致賢而能以救不肖，致彊而能以寬弱，戰必能殆之而羞與之鬥。……故善用之，則

---

74 此句為筆者之解讀，與劉師培先生略有不同。見王忠林注譯，前引書，頁 7，註 29。
75 王忠林注譯，前引書，頁 134。

百里之國足以獨立矣；不善用之，則楚六千里而為讎人役[76]。」

　　王者有王者的氣度，王者有王者的風範，己立立人，濟弱扶傾，而不是併吞他國。

　　D、莊敬自強

　　荀子認為：我們要莊敬自強，不要去委曲迎合他國，要自立自強，自己強大起來後，才不用看別人的臉色。荀子說：「事強暴之國難，使強暴之國事我易[77]。」是嗎？勾踐「臥薪嘗膽」是很好的範例。

　　E、魏剋齊，秦剋魏

　　戰國七雄中，齊國、魏國、秦國等各有「擅場」。

　　荀子說：「齊人隆技擊，其技也，得一首者，則賜贖錙金，無本賞矣。是事小敵毳則偷可用也，事大敵堅則渙焉離耳[78]！」「魏氏之武卒，以度取之，衣三屬之甲，操十二石之弩，負服矢五十個，置戈其上，冠胄帶劍，贏三日之糧，日中而趨百里，中試則復其戶，利其田宅，是數年而衰而未可奪也，改造則不易周也[79]。」「秦人其生民也陿阨，其使民也酷烈；劫之以勢，隱之以阨；忕之以慶賞，鰌之以刑罰；使天下之民所以要利於上者，非鬥無由也。阨而用之，得而後功之，功賞相長也；五甲首而隸

76　王忠林注譯，前引書，頁 86。
77　王忠林注譯，前引書，頁 162。
78　王忠林注譯，前引書，頁 252。
79　王忠林注譯，前引書，頁 253。

五家，是最為眾彊長久，多地以正，故四世有勝，非幸也，數也[80]。」荀子比較各國的優劣點後，得出結論：「故齊之技擊不可以遇魏氏之武卒，魏氏之武卒不可以遇秦之銳士[81]，」果然，秦擊敗六國，一統天下。

F、以德兼人

身處弱肉強食的戰國時代，荀子不贊同以武力兼併他國，荀子主張：「以德兼人」。

荀子說：「彼貴我名聲，美我德行，欲為我民，故辟門除涂，以迎吾入，因其民，襲其處，而百姓皆安；立法施令莫不順比；是故得地而權彌重，兼人而兵俞強，是以德兼人者也[82]。」

古代聖王商湯、周文王都是以德兼人，到了戰國時代，各國忙著整軍經武，以力服人。真讓人有「哲人日已遠，典型在夙昔。」的感慨。

G、無用吾之所短遇人之所長

在「SWOT」分析中，要我們認清自己的長處與弱點，當然，也要了解對方的長處與弱點。

荀子告訴我們：「無用吾之所短遇人之所長。故塞而避所短，移而從所任[83]。」

80　王忠林注譯，前引書，頁253。
81　王忠林注譯，前引書，頁253。
82　王忠林注譯，前引書，頁261。
83　王忠林注譯，前引書，頁488。

　　若有人偏偏要「以卵擊石」，那也是沒辦法，只能說是「業障」了。

　　綜觀荀子的競爭策略，荀子要我們先認清自己，自己擁有的實力，在整個環境中，我們是不是一個「咖」，是「咖」，就要擔起重任，成為組織的支柱；不是「咖」，就要聯合其他弱小「民族」，共同奮鬥。

　　荀子也和孔子、孟子一樣，醉心於王道思想，認為只要施行王道，必能成為天下共主，在當時，可能無法實現。不過，到了二千餘年後的 21 世紀，似乎，又顯現出了他的威力：在中美競爭的世界格局中，強調「美國第一」的霸權思想與秉持「王道」思想的中國，勝負已現端倪：中東、歐洲許多國家已逐漸覺醒：美國為了本身利益，發動無數戰爭，挑撥離間，讓各國因誤會而衝突，唯恐天下不亂；而中國在調停沙烏地阿拉伯與伊朗兩個回教世界的大國的多年紛爭，握手言和。由美國一手挑起的「俄烏戰爭」也有可望在中國調停下，停戰休兵。美國，可以休矣！

（5）荀子的規劃思想

　　規劃的第一步就是蒐集資料，如何蒐集資料呢？荀子主張：用術。用術就是要有策略，有方法。荀子認為：「千人萬人之情，一人之情也。」[84]也就是可由一個人的性情去推知千萬人的性情；「天地始者，今日是也。」[85]也就是可由今天的狀況，去推知天地初始時的狀況；「百王之道，後王是也。」

84　王忠林注譯，前引書，頁 31。
85　王忠林注譯，前引書，頁 31。

[86]也就是由最後的一位王者，來推知先前的百王之道。荀子可算是最善用演繹法的大儒之一。當然，從學理來看，歸納法似乎較優於演繹法，無論如何，荀子這種說法，也是一種創舉了。

荀子認為透過這種方法，可以「君子不下室堂，而海內之情舉。」[87]這與另外一句話：「秀才不出門，而知天下事。」含意相同，因後世科舉制度興起，才有「秀才」這個名詞，所以，這句話應該是模仿荀子的。

「千人萬人之情，一人之情也。」荀子這種對「同理心」的闡釋，也堪稱一絕了。

（6）荀子的組織思想

荀子的組織思想相當豐富，也頗有見地。分述如下：

A、建立層級組織，以免紛爭。

荀子說：「人之生，不能無群，群而無分則爭，爭則亂，亂則窮矣。故無分者，人之大害也；有分者，天下之本利也。而人君者，所以管分之樞要也。」[88]

在荀子這套邏輯下，說明了人類一定要建立層級組織，以免紛爭。更導衍出維護君權的重要性。

B、分工

荀子強烈主張「分工」，甚至已到無以復加的程度。荀子說：

a、人習其事而固，人之百事，如耳目鼻口之不可以相借

官也;故職分而民不探,次定而序不亂,兼聽齊明而百事不留。[89]

　　b、自古及今,未嘗有兩能而精者也。[90]

　　人不能用耳朵來看,不能用鼻子來吃,是當然的,若用以比擬人不能發展第二專長,就有點超過。荀子也以社會分工來描繪一幅和諧的社會生活景象,荀子說:「農分田而耕,賈分貨而販,百工分事而勸,士大夫分職而聽,建國諸侯之君分土而守,三公總方而議;則天子共己而已!」[91]人民安居樂業,天子無所事事,真是個太平盛世啊!

　　C、指揮統一

　　荀子主張「指揮統一」。荀子說:「君者,國之隆也;父者,家之隆也。隆一而治,二而亂;自古及今,未有二隆爭重而能長久者。」[92]一個組織有一位最高領導人,他是最終的裁決者,大家都聽他的。如此,就不會造成混亂。若一個組織,有兩個頭,那就麻煩了,群眾將無所是從。

　　綜觀荀子的組織思想,從組織的分化,到分工,到指揮統一,可以說是非常精準的抓到組織功能的重點。名師出高徒,教導出李斯、韓非等名家,荀子絕非浪得虛名。

　　（7）荀子的用人思想

　　荀子非常重視「品德」,荀子說:「德必稱位,位必稱祿,

---

89 王忠林注譯,前引書,頁213。
90 王忠林注譯,前引書,頁382。
91 王忠林注譯,前引書,頁183。
92 王忠林注譯,前引書,頁245。

祿必稱用。」[93]這種想法，可能受到《易經》的影響，《易經》〈坤卦〉的〈象〉辭說：「地勢坤，君子以厚德載物。」德厚才能承載萬物；品德高尚，才能居於高位。若居高位者無德，那真是一個大災難。

其次，荀子主張「才德兼備」。荀子的論點如下：

A、若夫謫德而定次，量能而授官，使賢不肖，皆得其位，能不能皆得其官。[94]

B、故明主謫德而序位，所以為不亂也；忠臣誠能然後敢受職，所以為不窮也。分不亂於上，能不窮於下，治辯之極也。[95]

C、論德而定次，量能而授官，皆使其人載其事而各得其所宜。[96]

「才德兼備」是儒家的共同標準，孔子如此，孟子如此，荀子也是如此。

荀子也強調「仁」與「智」

荀子說：「既知且仁，是人主之寶也，而王霸之佐也。」[97]

「仁」是所有德行的核心，孔子的最愛，荀子也把它單獨抓出來；「智」則是「才」的基本元素。

因此，強調「仁」與「智」也就與主張「才德兼備」是一

93　王忠林注譯，前引書，頁 152。
94　王忠林注譯，前引書，頁 97。
95　王忠林注譯，前引書，頁 99。
96　王忠林注譯，前引書，頁 212。
97　王忠林注譯，前引書，頁 213。

樣的了。

荀子主張任用賢能者為宰相，荀子的論點如下：

A、人主者，以官人為能者也；匹夫者，以自能為能者也。[98]

B、治國有道，人主有職。……，若夫論一相以兼率之，使臣下百吏莫不宿道鄉方而務，是夫人主之職也，若是則一天下，名配堯禹；[99]

C、彼持國者，必不可以獨也；然則彊固榮辱在於取相矣。身能，相能，如是者王。身不能，知恐懼而求能者，如是者彊。身不能，不知恐懼而求能者，安唯便僻左右親比己者之用，如是者危削。綦之而亡。[100]

D、故人主必將有卿相輔佐是任者然後可，其德音足以填撫百姓，其知慮足以應待萬變然後可，夫是之謂國具。[101]

E、故能當一人而天下取，失當一人而社稷危。……故湯用伊尹，文王用呂尚，武王用召公，成王用周公旦。[102]

F、明主尚賢使能而饗其盛，闇主妒賢畏能而滅其功。[103]

G、故君人勞於索之，而休於使之。[104]

荀子從君王負有尋找賢能之士的責任談起，強調若尋得賢能之士，將治國重任託付給他，則國家必能強盛，君王就可安

98　王忠林注譯，前引書，頁 182。
99　王忠林注譯，前引書，頁 182。
100　王忠林注譯，前引書，頁 180。
101　王忠林注譯，前引書，頁 217。
102　王忠林注譯，前引書，頁 187。
103　王忠林注譯，前引書，頁 233。
104　王忠林注譯，前引書，頁 189。

穩的休息了。

荀子也主張「破格拔擢人才」，荀子說：「賢能不待次而舉，罷不能不待須而廢。」[105]

荀子主張要「慎擇人才」。荀子說：「人臣之論，有態臣者，有篡臣者，有功臣者，有聖臣者。……，是人臣之論也，吉凶賢不肖之極也，必謹志之而慎自為擇取焉，足以稽矣。[106]

我們當然要選聖臣、功臣，而不要選態臣、篡臣。

荀子認為君主要有知人之明，而臣子也要有自知之明且不可存僥倖的心理。荀子說：「彼不能而主使之，則是主闇也；臣不能而誣能，則是臣詐也。主闇於上，臣詐於下，滅亡無日，俱害之道也。[107]

闇主加詐臣，滅亡指日可待。

荀子也藉周公之口，來說明人才的稀有與功效。周公說：「於是吾僅得三士焉，以正吾身，以定天下。」[108]在周公的麾下，不知有多少人，但真正能夠糾正周公、平定天下的，只有三位而已。

荀子強調「得師者王」，荀子說：「諸侯自為得師者王，得友者霸，得疑者存，自為謀而莫己若者亡。」[109]

當魏武侯謀事而當，群臣莫能逮，而沾沾自喜時，吳起提出楚莊王面臨同樣的狀況時，卻有不同的反應，楚莊王很擔憂，

---

105 王忠林注譯，前引書，頁 123。
106 王忠林注譯，前引書，頁 232。
107 王忠林注譯，前引書，頁 215。
108 王忠林注譯，前引書，頁 546。
109 王忠林注譯，前引書，頁 545。

楚國沒有人才，怕會滅亡。[110]昏君、明君表現可是大不相同。

荀子大概也在嘆息：明君難遇啊！

身為大儒，荀子主張「用大儒」。

> 荀子說：「故人主用俗人，則萬乘之國亡；用俗儒，則萬乘之國存；用雅儒，則千乘之國安；用大儒，則百里之地久而後三年，天下為一，諸侯為臣；用萬乘之國，則舉錯而定，一朝而伯。」[111]

只要用我這一位大儒，百里之地的小國，三年就可一統天下；萬乘之國，立馬成為霸王。荀子的口氣不小，好像現代的選舉，支票滿天飛。

（8）荀子的領導統御思想

荀子當過稷下學宮的祭酒，也做過蘭陵令，有實際的領導統御經驗，他的領導統御思想豐富而紮實。分述如下：

荀子強調「以誠待人」

> 荀子說：「善之為道者，不誠則不獨，不獨則不形，不形則雖作於心，見於色，出於言，民猶若未從也；雖從必疑。」[112]荀子又說：「誠者，君子之所守也，而政事之本也。」[113]

主政者要誠心，才能取信於民，才能順利推行政務。

荀子主張「以禮義使下」，荀子說：「故人生不能無群，

---

110 王忠林注譯，前引書，頁 545。
111 王忠林注譯，前引書，頁 104。
112 王忠林注譯，前引書，頁 30。
113 王忠林注譯，前引書，頁 30。

群而無分則爭，爭則亂，亂則離，離則弱，弱則不能勝物。故宮室不可得而居也，不可少頃舍禮義之謂也。能以事親謂之孝，能以事兄謂之弟，能以事上謂之順，能以使下謂之君。君者，善群也。群道當則萬物皆得其宜，六畜皆得其長，群生皆得其命。」[114]

「以禮義使下」，而不是頤指氣使。

荀子強調「依法行政」

　　荀子說：「君子怒不過奪，喜不過與。」又說：「怒不過奪，喜不過與，是法勝私也。」[115]

專制時代，君王愛怎麼做，就怎麼做。荀子告訴君王，要控制個人的喜怒，不要恣意妄為。

荀子也主張「照制度走」，荀子說：「務本事，積財物，而勿忘棲遲薛越也，是使群臣百姓皆以制度行，則財物積，國家案自富矣。」[116]

只要大家都「照制度走」，天下就太平了。

荀子主張「重紀律」，荀子引述《詩經‧大雅‧棫樸》：「雕琢其章，金玉其相。亹亹我王，綱紀四方。」[117]來強調紀律的重要性。

荀子強調「公平」

　　荀子引述《詩經‧曹風‧鳲鳩》：「鳲鳩在桑，其子

114　王忠林注譯，前引書，頁130。
115　王忠林注譯，前引書，頁20。
116　王忠林注譯，前引書，頁134。
117　王忠林注譯，前引書，頁153。

七兮。淑人君子，其儀一兮。其儀一兮，心如結
兮。」[118]

鳲鳩有七隻幼鳥，早上，她從第一個餵到最後一個，傍晚，
她從最後一個餵到第一個，以免最後一個老是沒得吃。如此，
才能做到公平。

荀子接著又說：「其使下也，均遍而不偏。」[119]

公平是所有部屬對主管的期待，假如，他覺得主管不公平，
他會心生不滿，埋下抗拒的種子。

荀子強調：「嚴以律己，寬以待人」

荀子說：「故君子之度己則以繩，接人則用抴。度
己以繩，故足以為天下法則矣；接人用抴，故能寬
容，因求以成天下之大事矣。」[120]

《易經‧明夷卦》強調寬容，荀子也是如此。

荀子進一步主張：「兼容並蓄」

荀子說：「故君子賢而能容罷，知而能容愚，博而
能容淺，粹而能容雜，夫是之謂兼術。」[121]

荀子主張：「先正己，再正人」，荀子說：「必先修正其
在我者，然後徐責其在人者。」[122]刮別人鬍子前，先看自己的
鬍子有沒有刮乾淨，若還沒刮，就不要急著去刮別人的鬍子。

荀子強調：「上行下效」

118　王忠林注譯，前引書，頁 3。
119　王忠林注譯，前引書，頁 209。
120　王忠林注譯，前引書，頁 62。
121　王忠林注譯，前引書，頁 62。
122　王忠林注譯，前引書，頁 158。

荀子說：

A、君者儀也，儀正而景正。君者槃也，槃圓而水圓。君者盂也，盂方而水方。君射則臣決，楚莊王好細腰，故朝有餓人。[123]

B、君子者，治之原也。官人守數，君子養原；原清則流清，原濁則流濁。[124]

C、上一則下一矣，上二則下二矣。辟之若草木枝葉必類本。[125]

D、凡姦人之所以起者，以上之不貴義不敬義也。夫義者，所以限禁人之為惡與姦者也。今上不貴義不敬義，如是，則下之人百姓皆有棄義之志而有趨姦之心矣，此姦人之所以起也。且上者下之師也，夫下之和上，譬之猶響之應聲，影之像形也。故為人上者，不可不慎也。[126]

由上述四個論點，可知領導者身教甚於言教，可不慎乎？

荀子強調：要鞏固領導中心。荀子說：「人之生，不能無群，群而無分則爭，爭則亂，亂則窮矣。故無分者，人之大害也；有分者，天下之本利也。而人君者，所以管分之樞要也。故美之者，是美天下之本也；安之者，是安天下之本也；貴之者，是貴

123　王忠林注譯，前引書，頁210。
124　王忠林注譯，前引書，頁208。
125　王忠林注譯，前引書，頁158。
126　王忠林注譯，前引書，頁283。

天下之本也。[127]

對人君，要美之、安之、貴之，因為他是天下之本也。

荀子主張：對主管要禮遇（刑不上大夫）。

荀子說：「由士以上則必以禮樂節之，眾庶百姓則必以法數制之。」[128]

法律之前人人平等，那是荀子身後很久很久以後的事了。不過，禮遇高階主管，那是必然的。

荀子認為：君王要得人心。

荀子說：「天下歸之之謂王，天下去之之謂亡。湯武非取天下也，脩其道，行其義，興天下之同利，除天下之同害，而天下歸之。」[129]

商湯、周武王不是用暴力去征服別人，而是行仁義之道，讓天下歸順他們。

荀子強調：不要欺下瞞上。

荀子說：「不下比以闇上，不上同以疾下。」[130]

荀子的說法，有更進一步的含義：不要聯合部屬來瞞上，也不要迎合上司來欺下。

荀子強調君子要「潔其身」、「善其言」來吸引同類型的人。荀子說：「君子絜其身而同焉者合矣，善其言而類焉者應矣。」[131]

---

127 王忠林注譯，前引書，頁 152。
128 王忠林注譯，前引書，頁 152。
129 王忠林注譯，前引書，頁 309。
130 王忠林注譯，前引書，頁 31。
131 王忠林注譯，前引書，頁 29。

物以類聚，以「潔身」、「善言」來吸引同類型的人，可組成一個優質團隊，造福天下。

荀子強調：要有效帶動部屬。

> 荀子說：「主者民之唱也。上者下之儀也；彼將聽唱而應，視儀而動；唱默則民無應也，儀隱則下無動也；不應不動，則上下無以相有也；若是，則與無上同也，不祥莫大焉。[132]

君王要成為「帶動唱」的老師，才能帶領部屬完成任務。

荀子主張君王要明示「政策」。

> 荀子說：上者下之本也，上宣明則下治辨矣，主道明則下安，主道幽則下危。下安則貴上，下危則賤上。上易知則下親上矣，上難知則下畏上矣。下親上則上安，下畏上則上危。故主道莫惡乎難知，莫危乎使下畏己。惡之者眾則危。[133]

基本上，「畏」和「惡」是不同的兩種情緒，君王可以讓部屬「畏」己，但不能讓部屬「惡」己，因為部屬厭惡君王的情緒高漲後，君王的處境就危險了。

荀子主張：「讓部屬發財」。

> 荀子引述顏淵的話：「臣聞之，鳥窮則啄，獸窮則攫，人窮則詐。自古及今，未有窮其下而能無危者也。」[134]

---

132 王忠林注譯，前引書，頁307。
133 王忠林注譯，前引書，頁307。
134 王忠林注譯，前引書，頁539。

民進黨深諳此道，執政團隊、側翼，無不吃香喝辣，真是令人羨慕啊！

荀子竟然也主張「公民不服從」：從道不從君。

> 荀子說：「入孝出弟，人之小行也。上順下篤，人之中行也。從道不從君，從義不從父，人之大行也。」[135]

從道不從君，若君不從道，那只好不從君了。

縱觀荀子的領導統御思想，荀子對人性的掌握十分精準，例如：「以誠待人」、「以禮義使下」、「公平」等，他也延續「施行樂治」的治國理念，融入領導統御思想之中：他主張領導者要成為一位「帶動唱」老師，帶領部屬，在歡樂的氣氛中，完成工作。荀子真是一位很特別的大儒。

（9）荀子的激勵思想

荀子主張「賞有功，罰有罪」，但荀子也意識到獎賞效果的有限性。我們來看荀子是怎麼說的。

荀子主張「賞有功，罰有罪」。

> 荀子說：「夫尚賢使能，賞有功，罰有罪，非獨一人為之也，彼先王之道也，一人之本也，善善惡惡之應也，治必由之，古今一也。」[136]

賞有功，罰有罪。此乃先王之道也，想要治理好一個國家，這是必要的方法。

荀子也主張「賞罰不浮濫」。

---

135 王忠林注譯，前引書，頁 522。
136 王忠林注譯，前引書，頁 277。

荀子說：「賞不欲僭，刑不欲濫。賞僭則利及小人，刑濫則害及君子。」[137]「賞僭」可能讓小人得利，「刑濫」則可能讓好人受難，是仁君所不樂見。

荀子也強調獎賞效果的有限性。

荀子說：「凡人之動也，為賞慶為之，則見害傷焉止矣。故賞慶刑罰埶詐不足以盡人之力，致人之死。」[138]

荀子認為若人是為了獎賞而行動，但當他碰到傷害時，就會停止行動。因此，獎賞是無法讓人窮盡他所有的力量，甚至不惜性命，拼命去做。

在西方，「紅蘿蔔與棍子」的理論，也備受學界與實務界的質疑。因為其他層面的問題，如社會層面，個人是社會的一份子，他的家人、同事、鄰居也會對他的行為造成相當的影響。因此，須對員工較深入的了解，才能制定較適當的獎勵辦法，以得到較佳的結果。

（10）荀子的控制思想

身為大儒，荀子也強調「自省」的功夫。

荀子說：「君子博學而日參省乎己，則知明而行無過矣。」[139]荀子又說：「見善，修然必以自存也；見不善，愀然必以自省也。」[140]

---

137 王忠林注譯，前引書，頁246。
138 王忠林注譯，前引書，頁259。
139 王忠林注譯，前引書，頁1。
140 王忠林注譯，前引書，頁15。

　　「自省」是對自己負責的第一步。經常警惕自己，就比較能避免那些脫序的行為。

　　荀子主張：君王要以「禮」來檢視官員的行為。

　　　荀子說：「禮者人主之所以為群臣寸尺尋丈檢式
　　　也。」[141]

　　不是用「法」，而是用「禮」來檢視官員的行為，貫徹了「刑不上大夫」的理念。

　　荀子主張：「賞罰嚴明」。

　　　荀子說：「勉之以慶賞，懲之以刑罰。安職則畜，
　　　不安職則棄。才行反時者死無赦。」[142]

　　「不安職則棄」，沒什麼好姑息的。「才行反時者死無赦」，荀子也真是有夠狠。

　　荀子強調：對時局的變化，要應變自如。

　　　荀子說：「修百王之法若辨白黑，應當時之變若數
　　　一二。」[143]

　　若先王之法已不適用，當修則修，就像辨別黑白那麼容易。因應時局的變化，制定適當的政策，就像數一二那麼簡單。

　　荀子對時局的掌握度真是不得了，隨時都能端出適當的政策牛肉，太厲害了！

141　王忠林注譯，前引書，頁 106。
142　王忠林注譯，前引書，頁 123。
143　王忠林注譯，前引書，頁 100。

四、先秦儒家管理思想對現代管理的涵義

先秦儒家：孔子、孟子、荀子離我們已經有二千餘年了，他們的管理思想還適用於現代嗎？對現代管理又有什麼啟示呢？分述如下：

（一）孔子管理思想對現代管理的涵義

1.孔子治國理念對現代管理的涵義

孔子有「施行中庸之道」等 18 項治國理念，均適用於現代企業，詳如：表四之 1。

其中有幾項治國理念，對企業來說，非常重要，如：「施行正道」。有些「黑心」商人，為了賺錢，用劣質的原料、添加劑，製作產品，罔顧消費者的健康。人在做，天在看。孔子說：「獲罪於天，無所禱也。」壞人，再如何祈求上天原諒，也是沒有用的。

表四之 1：孔子治國理念是否適用於企業檢討表

項　次	治國理念	適用於企業	
		是	否
A	施行中庸之道	✓	
B	施行仁義之道	✓	
C	無為而治	✓	
D	施行德治	✓	
E	施行正道	✓	
F	崇尚禮治	✓	
G	以惠養民，以義使民	✓	
H	老者安之，少者懷之	✓	
I	居敬而行簡	✓	
J	勤儉治國	✓	
K	教化人民	✓	
L	無信不立	✓	
M	藏富於民	✓	
N	先富後教	✓	
O	注重軍事教育訓練	✓	
P	任用賢才	✓	
Q	均無貧，和無寡，安無傾	✓	
R	重人賤畜	✓	

2.孔子管理哲學對現代管理的涵義

（1）孔子人性論對現代管理的涵義

　　如前所述，孔子的人性論較偏向性惡論，他非常重視後天環境的影響，所以，他說：「性相近也，習相遠也。」[1]此外，

---

1 謝冰瑩等編譯，前引書，頁 266。

他更重視「教化」的力量，他認為君子可以教化人民，移風易俗。

　　企業主可以將員工視為自己的小孩，培養他、訓練他，讓他能夠成長，足堪重任。如前述的日本出光石油公司的老闆出光佐三就是一個很好的範例。

　　（２）孔子價值論對現代管理的涵義

　　君子愛財，取之有道。孔子說：「富與貴，是人之所欲也，不以其道得之，不處也。」[2]經營企業，也是一樣。要守法、要憑良心、要守本份，不能只顧賺錢，胡作非為。否則，會受到法律的制裁、消費者的拒買。如此，企業將無法永續經營。

3.孔子治國策略對現代管理的涵義

　　歸納孔子的治國策略，計有：「君子務本，本立而道生。」等十項，均適用於現代企業，詳如（表四之 2）。僅以「君子務本，本立而道生。」說明之：

　　對企業主來說，「多角化」策略是謀求成長與規避風險的最佳策略之一。即便「多角化」了，仍然要守住本業，否則，可能顧此失彼，甚至兩頭落空。

表四之 2：孔子治國策略是否適用於企業檢討表

項　次	治國策略	適用於企業	
		是	否
A	君子務本，本立而道生	✓	
B	使民以時	✓	

2 謝冰瑩等編譯，前引書，頁 99。

C	舉直錯諸枉	✓	
D	臨事而懼，好謀而成	✓	
E	放鄭聲，遠佞人	✓	
F	修仁德以守國	✓	
G	取信於民	✓	
H	悲天憫人，哀矜勿喜	✓	
I	惠而不費，因民之所利而利之	✓	
J	修己以安百姓	✓	

4.孔子競爭策略對現代管理的涵義

　　孔子認為好的治國策略就會成為最佳的競爭策略。他強調：君王好禮、好義、好信，加上「送往迎來，嘉善而矜不能。」再加上「修文德」，就可以「近悅遠來」、「四方歸之」。

　　這是一個理想，過去，商湯、周武王都是用這種方式取得天下。孔子周遊列國，也沒能讓那位君王認同它、採用它，殊為可惜。

　　對現代企業來說，就是要盡量吸引優良的人才加入，以壯大本身的實力。新力公司的盛田昭夫是個很好的範例，他極力爭取大賀典雄加入新力，奠定了新力發展的良好基礎。[3]

5.孔子規劃思想對現代管理的涵義

　　許多本國企業，都非常重視基層員工的意見。甚至，建立「員工建議案獎勵」制度，即若員工提出建議案，經公司採用

3　約翰・納森原著，高煥麗譯，《新力王國》，智庫股份有限公司2001年2月第一版，頁155-200。

後，所節省的成本或增加的利潤，按一定比例，頒發給員工，做為獎勵。這是孔子「不以人廢言」的最佳實踐。

有一個案例，就是東和鋼鐵公司，它有一個「提案改善辦法」，就是若員工的提案使某部門的年淨效益達250萬元以上，則頒發3%的獎金，最高50萬元，並頒發獎牌乙座。[4]

6.孔子組織思想對現代管理的涵義

孔子強調分工，若大家都能各司其職，做好份內的工作，整個組織就可正常、有效的運作。即使，君王是個昏君，也無所謂。台灣的家族企業慢慢由第三代接手，第三代或許還很有鬥志，力求表現，以便接班。到了第四代，就會有很多無心經營者出現，就要靠這些老幹部分工合作，讓公司能順利運作下去。

7.孔子用人思想對現代管理的涵義

孔子主張對人才的培養、訓練要踏實，不能揠苗助長。日前，金管會駁回南山人壽新任董事長的任命案。理由就是新任董事長雖有法學博士學位，但進公司僅四年多，現擔任低階管理職位，資歷尚淺，不足以擔任董事長一職。雖貴為最大股東尹衍樑的兒子，但仍須多加歷練，始可擔任董事長一職。

---

4 Google：關鍵字，提案改善獎勵。

8.孔子領導統御思想對現代管理的涵義

許多大老闆都深受員工愛戴，如松下幸之助、王永慶等，就像孔子所說的北極星一樣，部屬對他有極大的向心力。可說是最佳領導統御模式的範例。

孔子很重視「正道」，經營企業，當然也是要「正派經營」。孔子說：「子帥以正，孰敢不正？」，企業主、高管遵行「正道」，下屬自會效法，不敢亂來。

孔子主張：領導者要「身先士卒」。在企業中，尤其是基層主管，一定要做到「身先士卒」，帶領部屬執行任務，建立一個有戰力的團隊。

9.孔子激勵思想對現代管理的涵義

孔子希望君王要建立起像神一樣的威勢，讓人民「不賞而勸，不怒而威於鈇鉞。」

企業主也可以像君王那樣，建立起像神一樣的威勢嗎？有人說，蘋果電腦的前執行長賈伯斯，在蘋果就像一位暴君[5]。蘋果電腦在賈伯斯的領導下，推出 i-phone 系列產品，引領風騷，成為人人稱羨的大企業。如此，蘋果的員工的確可以「不賞而勸，不怒而威於鈇鉞。」

---

5 華特・艾薩克森原著，廖月娟等譯，《賈伯斯傳》，天下遠見出版公司 2011 年出版，頁 180-188。

10.孔子控制思想對現代管理的涵義

　　一位好的領導者必須是位好的教導者，也就是一位好的老師，才能有效的執行控制的功能。不論是員工的個人行為、績效，組織績效都是如此。

　　孔子是位偉大的教育家，一位千古難逢的好老師，是每位管理者、老師的楷模。

　　記得有次碰到一位空軍官校的飛行教官（他不是我的帶飛教官），他說，他很對不起我們官校五十六期的學生，因為，當時他剛來學校做教官，還不知道如何教學生飛行。好比說，學生做一個「小轉彎」（轉 360 度），高度就掉 1000 呎，為何會這樣？如何才能不掉高度？他也是一直在琢磨，琢磨如何教學生，學生做「小轉彎」才不會掉高度。琢磨了好一段時間，才抓到了要領。

　　或許，當時空軍官校並沒有建立新進教官的培訓制度（不知目前有無此制度），一些在飛行部隊表現不佳的飛官，就被踢到官校當教官，真會害死學生。[6]

　　在此，我也要懺悔一下：民國九十七年，在致理科技大學兼課。系主任交待：接一班的「產業分析」，我在研究所沒修過這門課，但也只好硬著頭皮接下來。那個班是二技的在職專班，學生大部分都有工作。開學時，我先請學生自行編組，每

6　有一個實例：我的同學劉慶壽，有一次教官帶飛，跑道頭有三架教練機在試車，他的教官沒試車，就進跑道起飛，剛離地不久，發動機起火，飛機墜毀在跑道尾，劉同學陪葬，成為本期第一位烈士。

組 5 到 8 位。自行選擇一個較有興趣或較熟悉的產業,做產業分析,期末要分組報告,各組要將選定的產業告知我,以免重複。

至於課程要如何進行呢?說實在,我對台灣的各個產業也不是很瞭解,而課本對某些產業的分析,還蠻不錯的。所以,有時就會點同學站起來唸一段(就好像在「行銷管理」課本,有一些「小案例」,我也會請學生站起來唸。)

有些學生就不高興了,蹺課的,就愈來愈多。有些學生甚至輪到他們小組做分組報告,也敢蹺課。

事後檢討,既然他們是在職專班,不像大學部(四技)的學生沒有工作經驗,可以讓他們發表對自己工作的產業的了解與看法,如此,可以讓課程進行的較為活潑、生動、有趣。可惜,後來因搬家,沒有繼續在致理兼課,沒了改進的機會。

要做一位成功的領導者真不簡單,除了要確定組織的目標,激勵所有的成員,一起努力,還要隨時掌握執行的狀況。好像一位船長,要知道船是否航行在預定的航線上?有沒有落後?若偏離了航線,是否要修正航向?若時間落後了,是否要加速?及時校正偏差,才能在預計到達時間準時到達,而不會有延誤的情事發生。

孔子「反求諸己」的主張,在當時專制的社會,對君王來說,是一件很「震撼」的事。「千錯、萬錯、都是別人的錯。」君王「天縱英明」怎麼會有錯?現代企業的老闆是否也是一樣呢?

老闆「天縱英明」,怎麼可能會錯呢?如此,公司就危險

了。沒有能幹的高階主管輔佐，老闆再怎麼「英明」都沒有用！

（二）孟子管理思想對現代管理的涵義

1.孟子治國理念對現代管理的涵義

孟子的一個治國理念是：行善政。孟子說：「苟為善，後世子孫必有王者矣。君子創業垂統，為可繼也；若夫成功，則天也。」[7]

善有善報，行善政，後世子孫必有王者矣。君子創業垂統，為可繼也，行善，子孫必可繼也！基於人性本善，若創業主以詐偽起家，後代子孫恐無法認同，甚至唾棄，如此，如何永續經營？

2.孟子管理哲學對現代管理的涵義

管理哲學包括人性論與價值論，我們先來看人性論：

（1）孟子人性論對現代管理的涵義

孟子主張性善論，對管理來說，就是降低管控的力道，增大控制幅度，減少組織的層級，讓員工的自主性增加。

有一個很棒的實例，就是巴西的塞氏企業（Semco）。塞氏企業的執行長塞姆勒上任一年後，採行多項的改革措施，如：員工鬆綁、人人參與決策、工人管理工廠、所有員工分享利潤、員工自行拓展業務等，十年後，塞氏企業的規模成長六

---

7 謝冰瑩等編譯，前引書，頁 346。

倍，生產力增加七成，利潤上升五倍，成效斐然。[8]

（2）孟子價值論對現代管理的涵義

孟子「重義輕利」的主張，與現代管理有何關連呢？「社會企業」的萌芽、茁壯展現了孟子「重義輕利」的價值觀。

「社會企業」是以解決社會或環境問題為使命，以市場策略為方法的企業組織。其盈餘主要用來投資社會企業本身、解決社會或環境問題，而非為出資人或所有者謀取最大的利益。[9]

「社會企業」發端於印度的鄉村銀行。尤努斯（Muhammad Yunus）提供小額貸款，以幫助窮人創業。如今，此理念被應用於 40 多國，成功扭轉全球 1 億多人脫離貧窮循環。[10]

3.孟子治國策略對現代管理的涵義

孟子強調一個治國策略：任賢使能，他舉建造房子的工師、雕琢璞玉的玉人為例，說明「專業」的重要性。一位業主或買家可以任意指導工師建造房子或指導玉人雕琢璞玉嗎？

可是，很多君王都自以為是，為所欲為，把國家搞得雞犬不寧。只有那些胸懷壯志的君主，才會虛心誠意，延攬賢才。例如：秦孝公。他為了要恢復秦穆公的霸業，下令求賢，終得商鞅，進行變法，讓秦國國富兵強，奠定了統一全中國的基礎。

8　汪芸譯，查爾斯・韓第著，《大師論大師》，天下遠見出版股份有限公司，2005年 9 月第一版，頁 162-166。

9　Google「社會企業」關鍵字，為「活水社企開發」所定義。https://www.seinsights.asia>article/7774

10　Google「社會企業例子」關鍵字。https://www.seeheart.com.tw>cases

現代企業，創業主都很能幹，吃苦耐勞。例如：松下幸之助、王永慶等。不過，當企業逐漸發展，規模擴大以後，第二代、第三代可能還好，第四代以後，就很難說了。此時，就要靠專業經理人來經營了！也就是所有權和經營權要分離了，歐美的大企業，已來到這個階段；台灣的大企業，還在第二代、第三代，專業經理人還要耐心等待。

4.孟子競爭策略對現代管理的涵義

孟子有一個競爭策略是：得道者多助、失道者寡助。孟子說：「域民不以封疆之界，固國不以山谿之險，威天下不以兵革之利；得道者多助，失道者寡助。寡助之至，親戚畔之；多助之至，天下順之。以天下之所順，攻親戚之所畔；故君子有不戰，戰必勝矣。」[11]

商湯伐夏桀，武王伐紂，都是很好的例子。在商場，也是一樣。正派經營的企業主，會受到社會與同業的肯定。用不當的手段，取得不當的利益者，也會受到社會與同業的唾棄。徐旭東以賄賂前總統陳水扁夫人吳淑珍取得 SoGo 百貨公司33.5%的股權，終將留下惡名。

5 孟子規劃思想對現代管理的涵義

孟子的規劃思想雖然僅有一則而已，卻道盡了領導者公忠體國、犧牲奉獻的精神與節操。身為國家的領導者要苦民所苦，

---

11 謝冰瑩等編譯，前引書，頁 374。

要努力思考，如何才能讓人民過好日子。

孟子說：「周公思兼三王以施四事，其有不合者，仰而思之，夜以繼日；幸而得之，坐以待旦。」[12]周公有理想、有抱負，希望能仿效夏禹、商湯、周文王，讓人民幸福、安康。若發現有不合的地方，就會不斷地思考，夜以繼日，若有幸得到解決方法，就坐著等待天亮，立刻去實施。

很多企業主也和周公一樣，遇到狀況，就會想方設法，看如何可以渡過難關。老闆，不是那麼好當的。就拿康師父來說，當投資餿水油，將資金虧損殆盡時，魏應州不甘失敗，回台搬救兵，大概也和周公一樣，無法安心睡覺，一定要把問題解決才好。

6.孟子組織思想對現代管理的涵義

孟子強調分工，各司其職。並舉舜為例，加以說明：舜為天子，皋陶為士；瞽瞍殺人。皋陶基於職責，當然要將瞽瞍抓起來法辦。舜是孝子，怎捨得讓父親受到殺頭的刑罰。只好拋棄王位，帶著父親逃到無人的海邊，父子倆過著幸福快樂的生活。

皋陶當然不可能追到海邊硬要將瞽瞍抓回來，就是說，舜已經放棄王位，就放瞽瞍一馬吧！

證諸今日檢警對綠營權貴，睜隻眼閉隻眼，不敢有動作，真是有虧職守。

---

12 謝冰瑩等編譯，前引書，頁479。

7.孟子用人思想對現代管理的涵義

孟子用人，最重德行。當他知道魯國要讓樂正子主政，他就很高興。公孫丑問：「樂正子強嗎？」孟子答：「否。」「有知慮嗎？」答：「否。」「多聞識嗎？」答：「否。」「那麼您為何如此高興？」答：「其為人也好善。」[13]

為政者不能幹、無知慮、少聞識，都沒有關係，只要「其為人也好善」就可以了。

孟子也認為：「惟仁者宜在高位」。孟子說：「為高必因丘陵，為下必因川澤。為政不因先王之道，可謂智乎？是以惟仁者宜在高位；不仁而在高位，是播其惡於眾也。」[14]

「善」與「仁」是儒家非常重視的德行，與法家強調「才幹」、「謀略」是大大的不同。

對企業來說，要開發市場、要建造一個大工廠，可能需要一個有才幹、有謀略的主持人來掌控，但當企業成長到一定規模後，就需要俱備「善」與「仁」的領導者來經營、管理了。

8.孟子領導統御思想對現代管理的涵義

孟子有一個有關領導統御的思想，強調「禮尚往來」，就是「你怎麼對我，我就怎麼對你」。孟子說：「君之視臣如手足，則臣視君如腹心；君之視臣如犬馬，則臣視君如國人；君

---

13 謝冰瑩等編譯，前引書，頁 576。
14 同上註，頁 443。

之視臣如土芥，則臣視君如寇讎。」[15]

　　歷史上，最著名的一個例子，就是刺客：豫讓。豫讓是春秋時代，晉國人。原事范氏及中行氏，而無所知名。去而事智伯，智伯甚尊寵之。及智伯聯合韓、魏伐趙襄子，趙襄子與韓、魏合謀滅智伯，滅智伯之後而三分其地。趙襄子最怨智伯，漆其頭以為飲器。豫讓遁逃山中，曰：「嗟乎！士為知己者死，女為說己者容。今智伯知我，我必為報讎而死，以報智伯，則吾魂魄不愧矣。」

　　乃變名姓為刑人，入宮塗廁，中挾匕首，欲以刺襄子。襄子如廁，心動，執問塗廁之刑人，則豫讓，內持刀兵，曰：「欲為智伯報仇！」左右欲誅之。襄子曰：「彼義人也，吾謹避之耳。且智伯亡無後，而其臣欲為報仇，此天下之賢人也。」卒釋去之。

　　居頃之，豫讓又漆身為厲，吞炭為啞，使形狀不可知，行乞於市，其妻不識也。行見其友，其友識之，曰：「汝非豫讓邪？」曰：「我是也。」其友為泣曰：「以子之才，委質而臣事襄子，襄子必近幸子。近幸子，乃為所欲，顧不易邪？何乃殘身苦形，欲以求報襄子，不亦難乎！」豫讓曰：「既已委質臣事人，而求殺之，是懷二心以事其君也。且吾所為者極難耳！然所以為此者，將以愧天下後世之為人臣懷二心以事其君者也。」

　　既去，頃之，襄子當出，豫讓伏於所當過之橋下。襄子至

15　謝冰瑩等編譯，前引書，頁470。

橋，馬驚，襄子曰：「此必是豫讓也。」使人問之，果豫讓也。
於是襄子乃數豫讓曰：「子不嘗事范、中行氏乎？智伯盡滅之，
而子不為報讎，而反委質臣於智伯。智伯亦已死矣，而子獨何
以為之報讎之深也？」豫讓曰：「臣事范、中行氏，范、中行
氏皆眾人遇我，我故眾人報之。至於智伯，國士遇我，我故國
士報之。」襄子喟然嘆息而泣曰：「嗟乎豫子！子之為智伯，
名既成矣，而寡人赦子，亦已足矣。子其自為計，寡人不復釋
子！」使兵圍之。

　　豫讓曰：「臣聞明主不掩人之美，而忠臣有死名之義。前
君已寬赦臣，天下莫不稱君之賢。今日之事，臣固伏誅，然願
請君之衣而擊之，焉以致報讎之意，則雖死不恨。非所敢望
也，敢布腹心！」於是襄子大義之，乃使使持衣與豫讓。豫讓
拔劍三躍而擊之，曰：「吾可以下報智伯矣！」遂伏劍自殺。
死之日，趙國志士聞之，皆為涕泣。[16]

　　古代有「士為知己者死」，現代則有「音樂家為知己者棄
樂從商」。日本新力公司盛田昭夫與大賀典雄的故事[17]，也膾
炙人口，令人稱誦。

　　企業老闆們，砸錢就可擄獲人心嗎？「有錢能使鬼推磨」
的時代已一去不復返了。

---

16 司馬遷著，《史記‧刺客列傳第二十六》，見 Google，刺客列傳豫讓。
17 約翰‧納森著，高煥麗譯，《新力王國》，智庫股份有限公司出版，2001 年 2
　　月第一版，頁 155-200。

9.孟子激勵思想對現代管理的涵義

目標的設定，是門學問，訂得太高，大家可能會望而卻步；訂得太低，隨隨便便都可輕易達成，也沒有提振績效的效果。

孟子的學生公孫丑曾和孟子討論這議題，公孫丑是覺得孟子的標準高了一些，但孟子還是有所堅持，並說：「中道而立，能者從之。」[18]

記得在民國 86 年，進力霸房屋（現更名為東森房屋）土城金城店做經紀人，任職第三個月，經理頒佈了一個獎勵辦法：全月業績 40 萬以上，獎金 2 萬，特休 5 天。按照公司的薪資標準，業績 40 萬，已可領取底薪加獎金約 11 萬，再加 2 萬，就可領 13 萬元。

我們是加盟店，經理另外還開了一家：裕民店，兩店經紀人共約 20 餘位。月底結算，共有三位經紀人達標（包括我在內），兩店總業績非常可觀（已不記得確切數目），經理樂不可支。

10.孟子控制思想對現代管理的涵義

孟子和孔子一樣，強調「自我反省」。因為，懂得「自我反省」，不論個人行為、政府施政，才能進行檢討、改進，才不會陷入重大危機而不自知。

經營企業也是一樣，在「SWOT」分析中，我們要正視自己的弱點，了解自己，才不會做出錯誤的決策。

---

18 謝冰瑩等編譯，前引書，頁 604。

當「PDA」瘋靡市場時，蘋果前執行長賈伯斯以公司資源有限，決定放棄「PDA」，全力發展「i phone」，事後證明，這個決策是正確的。[19]

（三）荀子管理思想對現代管理的涵義

1.荀子治國理念對現代管理的涵義

荀子有一個獨特的治國理念就是「施行樂治」。荀子看到了音樂的巨大作用：它可以「善民心」、「移風易俗」、「民和睦」等，可導致「治生焉」。

主政者應建立一個和平、安定的環境，讓人民可以安心、自由的發展包括音樂在內的所有藝文活動。在戰亂的時代，是不可能的。

奇美的許文龍先生酷愛音樂，也醉心於藝術品的欣賞與典藏，是少有的、有品味的大老闆，奇美所塑造的企業文化，有別於其他公司。可惜的是，奇美於 2010 年 3 月 18 日併入群創光電。

2.荀子管理哲學對現代管理的涵義

(1)荀子人性論對現代管理的涵義

荀子主張「性惡論」，雖然，表面上與孟子的「性善論」正好相反，其實，他也是強調「教化」的功能。希望經由「教

---

19 于卓民等著，《國際行銷學》，智勝文化公司，2009 年出版，頁 211-215。

化」，讓人棄惡歸善。

　　荀子這種主張，似乎不太適用於現代企業，企業要如何來「教化」員工呢？一般說來，企業都是用獎懲來管理員工，勉強可用「企業文化」來「教化」員工，而「企業文化」的塑造，也非一朝一夕。各個企業的「企業文化」也不大相同。一個公司的「企業文化」是否適合來「教化」員工，都很難說。例如那些以「銷售話術」與「偽造測試結果資料」來詐取政府標案的公司，我們能指望「它們」塑造出高尚的「企業文化」來「教化」員工嗎？

　　我們只有期待那些正派經營的公司，能夠塑造出優質的「企業文化」，來「教化」員工，以善盡其「社會責任」。

　　(2)荀子價值論對現代管理的涵義

　　荀子雖「重義輕利」，但他正視人有「欲利」的本性。他說：「義與利者，人之所兩有也。」[20]既然如此，要如何做，才能讓人民「重義輕利」呢？荀子的主張很簡單，荀子要在上位者以身作則，荀子說：「上重義則義克利，上重利則利克義。」[21]

　　君王「重義輕利」，官員、百姓自然也會「重義輕利」。

　　經營企業，也可「重義輕利」嗎？有一個例子：

　　美國摩登坊化纖廠老闆艾倫・佛斯坦

　　西元一九九五年，美國麻薩諸塞州的摩登坊（Malden Mills）化纖廠發生火災，大火將整座工廠夷為平地。工廠老闆艾倫・

20　王忠林注譯，前引書，頁 481。
21　同上註。

佛斯坦做了一個讓人跌破眼鏡並從此為人津津樂道的創舉：他宣佈，要在原址重建工廠，另外，他還承諾，在重建期間的六個月中，所有員工都可繼續領薪水。為了支付這筆高達三千萬美元「停職留薪」的薪水，加上重建的龐大開銷，佛斯坦將火災理賠的三億美金全拿出來還不夠用，還得向銀行貸款一億美金。[22]

　　本來，佛斯坦可以拿著三億美金的理賠金走人，但身為企業主的第三代，他有著傳承事業與照顧員工的使命感，他承擔起所有的責任。

3.荀子治國策略對現代管理的涵義

　　荀子有一個治國策略是：「善附民」，主政者要和人民站在一起，苦民所苦，大家一條心，才能團結所有的民眾，完成國家的任務與使命。

　　企業組織如何「善附民」呢？首先，他要「敦親睦鄰」，當然，前提是不能破壞環境，危害到周遭居民的生活。例如：空氣污染、廢水排放、噪音侵擾等。睦鄰之道，除了提供就業機會，還要積極參與社區發展計劃，融入社區，成為社區的一份子，扮演推動社區發展的積極角色。

　　亞洲水泥花蓮廠是個值得稱道的案例：

　　亞洲水泥在本屆（民國 112 年）台灣永續行動獎中，以「溫暖用心　點亮部落美好」，勇奪最高榮譽「金獎」肯定，這對

---

22 中國時報，2010 年 10 月 9 日，A21 版。

亞泥而言，意義非凡。亞泥解釋，外界過去因為對水泥業的誤解，影響亞泥形象，但這並沒有讓亞泥的「敦親睦鄰」作為有所停滯。多年來，從原住民朋友的立場來思考，整合出利益分享機制，照顧內容幾乎涵蓋花蓮廠周邊部落人的出生、求學、結婚、生育、工作到安老。也因此，去年二月，亞泥新城山礦場鄰近的玻士岸部落，依據原住民基本法第 21 條精神，舉辦諮商同意投票，結果有高達 83%的部落家戶，支持亞泥持續在當地採礦，創下企業尊重原住民族的典範案例。[23]

4.荀子競爭策略對現代管理的涵義

　　荀子雖是儒家大師，但由於身處戰國時代的晚期，故在競爭策略方面的思想，超越孔子、孟子。他也主張「王道思想」、「以德兼人」，但更強調：「強自取柱，柔自取束。」、「無用吾之所短遇人之所長」等謀略，已直逼法家、兵家的水平。

　　對現代企業而言，「強自取柱，柔自取束。」是產業分析的最佳策略。每個企業，都要知道自己在本身產業中的地位與份量。我是本產業的「老大」嗎？我是「領頭羊」嗎？還只是一個無足輕重的小跟班呢？做「大哥」，要有「大哥」的風範。做「小弟」，要有做「小弟」的分寸。認清自己，就可對自己的角色做正確的選擇：「強自取柱，柔自取束。」而不會陷於角色混亂。

---

23 Google：亞洲水泥股份有限公司花蓮製造廠，網站：〈亞泥永續動起來－金雙銅奪三獎〉。

5.荀子規劃思想對現代管理的涵義

荀子認為：「千人萬人之情，一人之情也。」這種「同理心」，可做為行銷規劃與管理制度規劃的基礎。

諾基亞的廣告詞：「科技始終來自於人性」。「人性」是什麼？「同理心」不也是一種「人性」的現象。

這句廣告詞深深打動消費者的心，曾讓諾基亞手機在台灣紅極一時。

管理者在做管理制度規劃時，也要以「同理心」來做基礎。記得本人在某軍事院校當講師時，當時的院長就要求所有教職員上下午、上下班各打卡一次，也就是一天要打卡四次。老師們不勝其擾，但也無可奈何。本身不具大專院校教師資格的人，擔任院長。如此管理老師，恐不是基於「同理心」而是「嫉妒心」。

6.荀子組織思想對現代管理的涵義

荀子主張「指揮統一」，荀子說：「君者，國之隆也；父者，家之隆也。隆一而治，二而亂；自古及今，未有二隆爭重而能長久者。」[24]

一個國家如此，一個公司也是如此。企業主的第二代，如兄弟不和，就易引起紛爭。長榮集團在創業主張榮發過世後，張國華、張國煒兄弟不和，最後，以張國煒另創星宇航空收場。

---

24 王忠林注譯，前引書，頁 245。

7.荀子用人思想對現代管理的涵義

荀子非常重視「品德」

荀子說：「德必稱位，位必稱祿，祿必稱用。」[25]

居高位者，掌握許多資源，不論在制定政策、擬訂公共建設、工程，都要公忠體國，不能循私舞弊。因此，品德、操守非常重要。

對企業來說，也是一樣。企業的高階主管掌握制定政策、規劃、執行重大計畫、方案，知悉企業的機密，一舉一動，對公司的影響非常大。

若高階主管的品德、操守有問題，公司將蒙受重大損失。

數年前，宏達電高階技術主管離職，宏達電深恐他帶槍投靠大陸的競爭對手公司，搞得人心惶惶。

此次，華為能突破美國的技術封鎖，推出具 5G 功能的旗艦手機 Mate 60 Pro，其關鍵因素，也是台積電一位高階離職主管梁孟松。在中芯國際開發完成 7 奈米晶片技術，以支援華為海思設計麒麟 9000S 應用處理器。否則，無法完成。

當然，如此評價梁孟松，未必公允，梁孟松也是公司派系鬥爭下的一位犧牲品，離開台積電也是無奈的選擇。

梁孟松從美國 AMD 回到台積電，再由台積電來到三星，再從三星進入中芯國際，一生坎坷，一位技術專家，終須公司當局給予重用與呵護，就看中芯國際如何善待他了。

25　王忠林注譯，前引書，頁 152。

8.荀子領導統御思想對現代管理的涵義

在前面談荀子的用人思想時，曾提及

荀子說：「諸侯自為得師者王，得友者霸，得疑者存，自為謀而莫己若者亡。」[26]

諸侯當然都想當「王」、當「霸」，而必得「師」、「友」才能當「王」、當「霸」，對「師」、「友」，當然要以「禮義」相待了。

經營企業，也是如此，老闆對幹部、員工不能擺出一副「老闆」的架勢，高高在上，不把幹部、員工放在眼裡。當心！「自為謀而莫己若者亡」，自以為自己很棒、很厲害，失去「師」、「友」，只剩下那些唯唯諾諾、逢迎拍馬之流，公司敗亡，只是時間早晚而已。

9.荀子激勵思想對現代管理的涵義

荀子對人性的觀察真是相當的深入，他知道：「凡人之動也，為賞慶為之，則見害傷焉止矣。故賞慶刑罰埶詐不足以盡人之力，致人之死。」[27]

如何才能有效激勵人民勇於作戰呢？商鞅祭出「重賞」，秦國人民在「重賞」的鼓舞下，上了戰場，如狼似虎，將敵人當成「肥羊」，殺得敵軍片甲不留。

最近，在網路上看到一段視頻，就是俄羅斯為入侵烏克蘭

---

26 王忠林注譯，前引書，頁 545。
27 王忠林注譯，前引書，頁 259。

陣亡將士舉辦一場盛大的葬禮。現場有許多高階將領,可謂「眾星雲集」,總統普丁親自主持,在大雨中(沒人為他撐傘),普丁神情肅穆,向陣亡將士致哀。真是「戰鬥民族」,給軍人最高的崇敬與禮遇,夫復何求?

現代企業,給「高管」提供豪華的辦公室、座車、高薪、高額的獎金,讓「高管」得到尊榮。

大陸華為公司,股票不上市,盈餘分配給所有員工,這大概是最佳的激勵方法吧!

10.荀子控制思想對現代管理的涵義

荀子主張,要「賞罰嚴明」。

荀子說:「勉之以慶賞,懲之以刑罰。安職則畜,不安職則棄。才行反時者死無赦。」[28]

適任者可以留任,不適任者就把他汰除。這是管理者的職責所在,不能輕易棄守。孔明「揮淚斬馬謖」是個好榜樣。

現代企業,也是一樣。適任的員工,要讓他安心工作;不適任的員工,要調離現職,給他安排其他適合的工作,若公司內沒有適合他的工作,只有資遣一途了。

---

28 王忠林注譯,前引書,頁123。

五、結　論

　　先秦儒家三位大師：孔子、孟子與荀子在政治、哲學與教育思想等方面均有卓越的貢獻，在管理思想方面，也有值得稱頌的地方。

　　首先，在治國理念方面，三位大師均倡導要施行仁政、德政、善政。對現代管理來說，企業也是要秉持「仁心善念」，造福人群。如此，則「黑心」商品不會再出現，不會再為害人民，確保「食安」。

　　另外，荀子特別強調：「施行樂治」，以「善民心」、「移風易俗」與「民和睦」。

　　在「人性論」方面，孟子提倡「性善論」，荀子則主張「性惡論」，孔子雖未明說「性惡論」，但許多論述，均偏向「性惡論」。因此，孔子與荀子均強調「教化」的功能，以矯正人民人性本質上的偏誤。此與聖經中「原罪」的觀念，不謀而合。

　　「性善論」與「性惡論」已爭論了二千多年，互有勝負。對現代企業來說，端視企業主個人的主觀意識。要抓緊一點，還是放鬆一點，就看老闆的了。老闆若偏向「性惡論」，對員工的管理就會「抓緊」一點，若偏向「性善論」，就會「放鬆」一點。

在「價值論」方面，三位大師均主張「重義輕利」，在汲汲營營為利的人類社會，好像有點「不食人間煙火」。卻也代表了人類的良知，這種高貴的情操，將照亮這個世界。

企業界，也不乏「重義輕利」的案例，本書前面列舉的美國摩登坊化纖廠老闆艾倫·佛斯坦，還有印度鄉村銀行的尤努斯，都是值得我們效法的楷模。

在「治國策略」方面，孔子的「君子務本，本立而道生。」給了我們很大的啟發：政府應與民間相互合作，發展具競爭優勢的產業，以維國民生計。

企業在成長時，當穩紮穩打，建立強大的基礎。在進行「多角化」時，亦當顧好本業，不要兩頭落空。

孟子和荀子均強調：「任賢使能」，孟子舉工師與玉人為例，誰敢指導工師蓋房子、玉人雕琢玉石呢？治理國家也是要學習先王之道的賢能之士才能勝任。

經營企業，也是一樣，要透過專業人士，才能讓企業生存、發展。

在「競爭策略」方面，孔子、孟子與荀子都認為：只要施行王道，就會近悅遠來，天下歸之。「施行王道」，就會得道者多助，就是最佳的競爭策略。

此外，荀子也主張：「強自取柱，柔自取束」。荀子要我們認清自己，有什麼強項，有什麼弱點，在整體環境中，自己處在什麼位置？在認清自己的定位後，就知道該扮演的角色，就知道該怎麼做了。不會強出頭，也會承擔起該承擔的責任。

對企業來說，商場中的競爭尤其慘烈，今天還風風光光的，

可能明天就面臨倒閉，該怎麼走，可能不容許走錯一步。

　　荀子還告訴我們：「無用吾之所短遇人之所長」。不要以卵擊石，作無謂的犧牲。

　　在規劃思想方面，孔子要我們重視基層員工的意見，要「不以人廢言」。孟子則希望國家領導人能夠像周公一樣，殫思竭慮，讓人民有好日子過。荀子則強調「同理心」，他說：「千人萬人之情，一人之情也。」以「同理心」為基礎，來做行銷規劃與管理制度規劃，就妥當了。在組織思想方面，孔子、孟子與荀子都強調：「分工」。除了「分工」，荀子還強調：「指揮統一」，荀子說：「君者，國之隆也；父者，家之隆也。隆一而治，二而亂；自古及今，未有二隆爭重而能長久者。」「定於一尊」，是團結組織成員的不二法門。在用人思想方面，孔子、孟子與荀子均強調「德行」，與法家強調「才幹」大不相同。此外，孔子也強調對人才的培養、訓練要踏實，不能「揠苗助長」。在「領導統御」思想方面，孔子希望國家領導人要「為政以德」，如此，就可像北極星一般，「居其所，而眾星共之。」對人民仁慈和善，就可以得到人民的愛戴。孟子更進一步主張：「君之視臣如手足，則臣視君如腹心；君之視臣如犬馬，則臣視君如國人；君之視臣如土芥，則臣視君如寇讎。」君王要如何對待身邊的臣子和百姓呢？應該很明白了。「士為知己者死」，這是君臣之間最推心置腹的表現。

　　企業主當學習新力的盛田昭夫，他是如何對待大賀典雄，而大賀典雄又是如何回報他的，企業主與員工不就該如此嗎？

　　在激勵思想方面，孔子希望君王能夠建立起像「神」一樣

的威勢，讓人民信服，「不賞而勸，不怒而威於鈇鉞。」孟子則與他的學生公孫丑討論有關目標設定的問題，公孫丑是認為目標不要訂得太高，讓人覺得再怎麼努力也無法達成，就乾脆放棄了。孟子則認為他的標準就是如此，「中道而立，能者從之。」荀子則強調激勵效果的有限性，他認為：「凡人之動也，為賞慶為之，則見害傷焉止矣。故賞慶刑罰勢詐不足以盡人之力，致人之死。」因此，需要從心理、社會、文化等各層面綜合研究出一套獎勵辦法，才能奏效。

在控制思想方面，孔子、孟子與荀子三位大師均強調「自省」，要做好「自我控制」。

日前，與吾友文天培先生聊天，他提到：

『中國共產黨更進一步，要求黨員在「自我反省」之後，若有錯誤，要「自我批判」，更要「自我改造」。』將黑格爾辯證法的「正反合」精神充份發揮出來，對黨的忠誠的提昇，幫助很大。證諸今日政壇，真令人搖頭嘆息！有誰會「自我反省」？有誰會「自我批判」？

孔子與孟子都面臨績效標準是否太高的問題，而他們的答案也相當一致，就是：「沒有太高的問題」。孔孟之道，真的很難做到嗎？成聖成賢，人人嚮往，但若要像顏回那樣：「一簞食，一瓢飲，在陋巷，人不堪其憂，回也不改其樂。」[1]的確有點難。

孔子希望政府官員對人民的管理，要合理，不能太霸道。

---

1 謝冰瑩等編譯，前引書，頁125。

孟子與荀子則提出對犯錯的官員要給予適當的處罰，不能官官相護。在春秋、戰國那個專制的時代，孔子、孟子與荀子，可說是正義凜然的「俠義之士」了。